☎

**Rettungsdienst,
Notarzt:
112 oder 19 222
Feuerwehr: 112
Polizei: 110**

**Österreich:
Rettungsdienst:
Tel.: 144**

**Schweiz:
Rettungsdienst:
Tel.: 144**

| | | |
|---|---|---|
| **Atem-störungen 1** | • Fremdkörper verschluckt | ▶ 22 |
| **Atem-störungen 2** | • Bienen- oder Wespenstich im Mund<br>• Schwellung durch Infektionen<br>• Atemnot durch Stürze | ▶ 24 |
| **Bauch-schmerzen** | • Blinddarm-Entzündung<br>• Starke Bauchschmerzen | ▶ 26 |
| **Bewusst-losigkeit** | | ▶ 28 |
| **Krampf-anfälle** | • Epileptischer Anfall<br>• Fieberkrampf | ▶ 30 |
| **Reanimation (Wieder-belebung)** | | ▶ 32 |
| **Stürze, Brüche** | • Knochenbrüche<br>• Kopfverletzung | ▶ 34 |
| **Unfälle allgemein** | | ▶ 36 |
| **Verbren-nungen** | | ▶ 38 |
| **Vergiftungen** | | ▶ 40 |
| **Wunden (starke Blutung)** | • Stark blutende Wunden<br>• Fremdkörper in Wunde | ▶ 42 |

# Im Notfall:
## Schnelle Hilfe für Ihr Kind

Moritz Thanner

# Im Notfall:
# Schnelle Hilfe
# für Ihr Kind

Sofort-Maßnahmen für Eltern:
Schnell reagieren und richtig handeln

Die Deutsche Bibliothek – CIP-Einheitsaufnahme

Im Notfall: schnelle Hilfe für Ihr Kind ; Sofort-Maßnahmen für Eltern: schnell reagieren und richtig handeln ; mit Extra-Notfall-Teil für unterwegs / Moritz Thanner. -
Ratingen: Oberstebrink, 2001
  ISBN 3-934333-05-2

1. Auflage
© Oberstebrink Verlag GmbH

| | |
|---|---|
| Gestaltung: | Michael Worm, boi's, Oberstebrink |
| Titelfoto: | Kunterbunt |
| Fotos/Illustrationen: | Michael Worm |
| Kinderzeichnungen: | Melissa Datzer, 6 Jahre |
| Wissenschaftliche Redaktion: | Dr. med. Jobst v. Fallois |
| Herstellung: | MOHN Media · Mohndruck GmbH |
| | Printed in Germany |
| Verlag: | Oberstebrink Verlag GmbH |
| | Bahnstr. 44, 40878 Ratingen |
| | Tel.: 02102-771 770-0, Fax: 02102-771 770-21 |
| | e-mail: verlag@oberstebrink.de |
| | www.oberstebrink.de |
| ISBN: | 3-934333-05-2 |

# Liebe Eltern

*Dieses Buch ist durch meine praktische Tätigkeit im Rettungsdienst und eine Vielzahl von Kursen zu diesem Thema entstanden. Aus meiner Erfahrung heraus weiß ich, dass die Bereitschaft zu helfen sehr groß, die Verunsicherung und Angst, etwas falsch zu machen, aber noch größer ist. Als Ausbilder für Notfallmedizin wurde ich häufig mit Fragen und Unsicherheiten in Bezug auf Kinder-Notfälle konfrontiert. Das gab den Ausschlag für eine Kursreihe in Hebammen-Praxen, in Kindergärten und in offenen Eltern-Veranstaltungen.*

*Die vielfachen Anregungen der KursteilnehmerInnen sind vollständig in dieses Buch eingeflossen und haben geholfen, ein praxisbezogenes Kinder-Notfall-Buch entstehen zu lassen. Auch in meiner Heilpraktiker-Praxis mit dem Schwerpunkt „Kinderheilkunde und Familientherapie" bekomme ich jeden Tag wertvolle Anregungen von meinen Patienten. Ich danke allen Kurs-Teilnehmern und Patienten, die mit ihren Ideen zu diesem Buch beigetragen haben.*

*Kinder-Notfälle stellen eine sehr große Stress-Situation dar. Zum einen, weil sie seltene Erlebnisse sind – zum anderen, weil es um unsere „Kleinsten" geht. Häufig kommen zu dem hektischen Unfallgeschehen noch die eigene Angst und Betroffenheit hinzu, die dem ganzen eine Eigendynamik verleihen, aus der schwer herauszukommen ist. Die erste Reaktion ist meist: „Ich weiß nicht, was ich tun soll" oder „Ich traue mich nicht, weil ich etwas falsch machen könnte". Man ist wie gelähmt und fühlt sich unfähig zu handeln. So enden selbst harmlose Notfälle manchmal in Chaos und Gefahr.*

*Ich wünsche Ihnen, dass Sie dieses Buch nie in einer akuten Notfall-Situation zur Hand nehmen müssen. Falls doch, hoffe ich, dass es Ihnen hilft.*

*Schließlich bitte ich Sie, mir Ihre Gedanken, Verbesserungs-Vorschläge und Anregungen schriftlich mitzuteilen, damit dieses Buch nach Ihren Bedürfnissen und Wünschen weiter wachsen kann.*

*Zu guter Letzt möchte ich mich bei folgenden Menschen herzlichst für ihre Hilfe bedanken: Bei meiner Frau, Simone Conen, bei Frau Heidi Hauck und Frau Susanne Töppe.*

*Ihr*
*Moritz Thanner*

## Anmerkung des Autors

Die Medizin ist eine Wissenschaft und befindet sich ständig im Wandel. Zum Erscheinungstag repräsentiert dieses Buch den neuesten Stand der Wissenschaft. Trotzdem kann der Autor für etwaige Fehler keine Haftung übernehmen. Alle Kapitel wurden nach medizinischer Beratung sehr gewissenhaft erstellt und werden immer wieder überarbeitet.

# Ihr Leitfaden für dieses Buch

Im Notfall kommt es auf schnelles Handeln an. Dieses Buch soll Ihnen helfen, schnell und richtig zu reagieren.

- Stellen Sie sicher, dass Sie dieses Buch immer sofort griffbereit haben. Am besten legen Sie es neben das Telefon. So können Sie im Notfall schnell reagieren.
- Nehmen Sie sich dann in jedem Fall die Zeit, den richtigen Handlungs-Plan aufzuschlagen. Selbst wenn das eine Minute kostet – wenn Sie nach Plan vorgehen, holen Sie die Zeit wieder rein.

Dieses Buch ist so aufgebaut, dass Sie im Notfall schnell und sicher das Richtige tun können. Das heißt aber nicht, dass Sie es erst im Notfall lesen sollten. Verschaffen Sie sich jetzt einen Überblick, damit dieses Buch Ihnen im Notfall wirklich helfen kann:

- In **Kapitel 1** finden Sie die wichtigen **Notruf-Nummern.** Tragen Sie die Nummern, die speziell für Ihren Wohnort gelten, am besten jetzt sofort ein. Sie stehen zum Beispiel in einer aktuellen Tageszeitung.
- Außerdem sind in **Kapitel 1** die **Grundregeln** aufgezeichnet, die für jeden Notfall gelten.
- In **Kapitel 2** finden Sie die **Handlungs-Pläne** für die häufigsten Notfälle. Hier sehen Sie auf einen Blick, was sofort zu tun ist.
- In **Kapitel 3** ist etwas zum **Hintergrund-Wissen** zu den Notfall-Situationen aus Kapitel 2 dargestellt.
- **Kapitel 4** zeigt Ihnen, wie Sie bei **weiteren Erkrankungen**, Verletzungen und Unfällen handeln können.
- Was Sie unternehmen können, um **Unfällen vorzubeugen**, erfahren Sie in **Kapitel 5.**

- Im **Info-Magazin in Kapitel 6** sehen Sie, wie Sie im Notfall gezielt natürliche Heilmittel einsetzen können, um den Zustand des Patienten zu stabilisieren und erste Genesungs-Prozesse einzuleiten. Das sind allerdings Zusatz-Maßnahmen. Im Vordergrund steht immer die schulmedizinische Notfall-Therapie mit den üblichen Erste-Hilfe-Maßnahmen – so, wie in den Kapiteln 2, 3 und 4 beschrieben.

- Kinder-Notfälle passieren nicht nur zu Hause, sondern auch unterwegs. Deshalb finden Sie am Schluss des Buches die Handlungs-Pläne noch einmal im handlichen Taschenformat. Schneiden Sie sich die **Extra-Handlungs-Pläne für unterwegs** aus – und stellen Sie sicher, dass Sie sie immer bei sich haben, wenn Sie mit Ihrem Kind unterwegs sind.

Wenn Sie lesen, dass Sie „zum Arzt" gehen sollen, dann kann das natürlich auch eine Ärztin, ein Kinderarzt, eine Kinderärztin, ein Heilpraktiker oder eine Heilpraktikerin sein. Der Einfachheit halber wird hier der Begriff „Arzt" verwendet.

Sie selbst wissen am besten, zu wem Sie mit Ihrem Kind gehen. Gehen Sie zum Therapeuten Ihres Vertrauens.

# Inhalt

# 1

# Das Wichtigste für alle Fälle

## In diesem Kapitel erfahren Sie, ...

- welche Notruf-Nummern
  bundesweit einheitlich gelten
- wie Sie schnell
  die Notruf-Nummer für Ihren Wohnort finden
- welche Nummer
  Sie in welchem Fall am besten anrufen
- welche Grundregeln
  für alle Notfälle gelten

# Die Notruf-Nummern

| | |
|---|---|
| **Rettungsdienst, Notarzt** | Tel.: **112** oder **19 222** |
| **Feuerwehr** | Tel.: **112** |
| **Polizei** | Tel.: **110** |

**Gift-Notruf**

Zur Zeit gibt es 6 Gift-Notruf-Zentralen in Deutschland mit einer einheitlichen Rufnummer. Jede kann Ihnen weiterhelfen. Die Telefon-Nummern:

- **Berlin:** 030/ 19 240
- **Freiburg:** 0761/ 19 240
- **Göttingen:** 0551/ 19 240
- **Homburg/ Saar:** 06841/ 19 240
- **Mainz:** 06131/ 19 240
- **München:** 089/ 19 240

Es ist geplant, die 19 240 als bundesweite Gift-Notruf-Nummer ohne Vorwahl einzurichten. Solange es noch nicht soweit ist, rufen Sie eine der oben angegebenen 6 Nummern an – oder wählen Sie Ihren örtlichen Rettungsdienst oder die Feuerwehr.

**Tragen Sie hier bitte die Telefon-Nummer für Ihren Wohnort ein:**

- **Ärztlicher Bereitschaftsdienst** Tel.:_____
- **Zahnärztlicher Notdienst** Tel.:_____
- **Apotheken-Notdienst** Tel.:_____
- **Heilpraktiker-Notdienst** Tel.:_____

**Österreich**
- **Rettungsdienst** Tel.: **144**

**Schweiz**
- **Rettungsdienst** Tel.: **144**

(Alle Angaben ohne Gewähr)

# Wie finde ich die richtige Nummer?

Leider sind noch nicht alle Notrufnummern bundesweit einheitlich. Die für Ihren Wohnort gültige Notrufnummer finden Sie in der Tageszeitung, oder fragen Sie die Polizei.

- Der Rettungsdienst (Rettungsleitstelle) ist normalerweise über die 112, in Ausnahmefällen aber auch über die 19 222 zu erreichen.
- Der Gift-Notruf soll bundesweit die 19 240 werden. Hier gibt es aber noch viele Ausnahmen. Die aktuelle Nummer für Ihren Wohnort bekommen Sie über Ihre Rettungsleitstelle oder die Feuerwehr.
- Der ärztliche Bereitschaftsdienst und die Heilpraktiker-Notdienste werden häufig über die Rettungsleitstellen mitbetreut.

# Welche Nummer rufe ich wann an?

- Immer, wenn Sie ein verletztes Kind haben, sollten Sie die Rettungsleitstelle anrufen. Die Mitarbeiter am Telefon sind darauf geschult, Ihnen bei der Entscheidungsfindung zu helfen oder Ihnen in extremen Notfall-Situationen die Entscheidung abzunehmen. Gegebenenfalls werden Sie an den ärztlichen Bereitschaftsdienst verwiesen.
- Die Mitarbeiter vom Gift-Notruf geben Ihnen Auskunft und Verhaltensmaßregeln bei unklaren Vergiftungen. Bitte rufen Sie dort nur an, wenn Ihr Kind im Moment noch völlig klar bei Bewusstsein ist. Immer wenn Ihr Kind nicht ganz bei Bewusstsein ist oder Schmerzen hat, sofort den Notruf wählen.
- Wenn Ihr Kind abends, am Wochenende oder an einem Feiertag krank wird, ist der ärztliche Bereitschaftsdienst oder ein Heilpraktiker-Notdienst das Richtige für Sie. Auch wenn nicht direkt ein Arzt oder Heilpraktiker am Telefon ist, hilft Ihnen die Telefonistin weiter.
- Außerhalb der üblichen Geschäftszeiten gibt es den Apotheken-Notdienst. Die für Ihren Wohnort aktuelle Apotheke erfahren Sie entweder über eine aktuelle Tageszeitung oder über einen Aushang bei der nächsten Apotheke.

# Grundregeln für den Notfall

Kinder-Notfälle gehören zu den größten Stress-Situationen, in die wir geraten können. Zum einen, weil sie oft dramatischer aussehen, als sie in Wirklichkeit sind. Zum anderen, weil Kinder unter unserer Obhut stehen und wir für sie die Situation beurteilen und danach handeln müssen. Die größte Angst für uns Erwachsene ist, etwas falsch zu machen, überfordert zu sein oder aus Unwissenheit nicht zum Nutzen des Kindes zu reagieren.

## Diese Grundregeln helfen Ihnen und Ihrem Kind

- **Immer den Eigenschutz beachten**
  Bringen Sie sich nicht in eine Situation, die Sie nicht überblicken oder der Sie nicht gewachsen sind. Es nützt dem Verletzten nichts, wenn sich der Helfer bei der Rettung verletzt und selbst gerettet werden muss.
- **Ruhe bewahren**
  Wer als Helfer in Panik gerät, hilft niemandem. Im Gegenteil: Das Kind wird noch aufgeregter – und eine objektive Beurteilung der Situation wird unmöglich. Um als Außenstehender ein Kleinkind zu befragen, braucht man meistens die Eltern oder eine Bezugsperson als „Dolmetscher".
- **Dem Kind Sicherheit und Geborgenheit geben**
  Nirgends ist das so wichtig wie in extremen Notfall-Situationen.
- **Beruhigend auf die Umgebung einwirken**
  Wenn Nachbarn oder Verwandte Panik und Hektik verbreiten, schicken Sie sie entweder weg, oder nehmen Sie das Kind aus dem belastenden Umfeld heraus.
- **Kinder, die laut schreien oder schimpfen, bekommen genügend Luft**
  Der Kreislauf arbeitet ausreichend. Das ist für die erste Beurteilung in einer Notfall-Situation wichtig. Im Weiteren kann man die Situation erst mal ruhig analysieren und genau nachfragen oder schauen, was vorliegt.

- **Werden Kinder immer ruhiger,** in sich gekehrter und langsam apathisch, muss man schnell handeln.
- **Tagesmütter, KindergärtnerInnen, LehrerInnen**
  Verständigen Sie die Eltern so schnell und schonend wie möglich. Im Extremfall müssen die Eltern wichtige Entscheidungen für ihr Kind treffen.
- **Lieber einmal zu oft zu einem Arzt gehen als einmal zu wenig**
- **Lieber einmal umsonst den Rettungsdienst anrufen als einmal zu spät**

# 2

# Sofort-Maßnahmen auf einen Blick: Handlungs-Pläne für Eltern

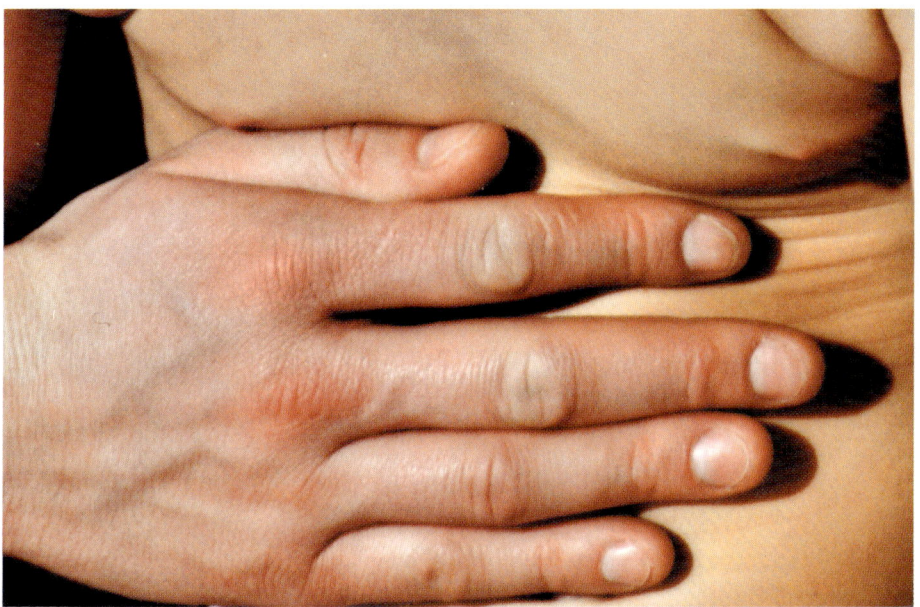

## In diesem Kapitel erfahren Sie, ...

- wie Sie im Notfall
  schnell reagieren und richtig handeln können
- wie Sie erkennen können,
  um welchen Notfall es geht
- welche Sofort-Maßnahmen
  Sie selbst ergreifen können
- wann Sie Rettungsdienst, Notarzt,
  Arzt oder Klinik alarmieren müssen

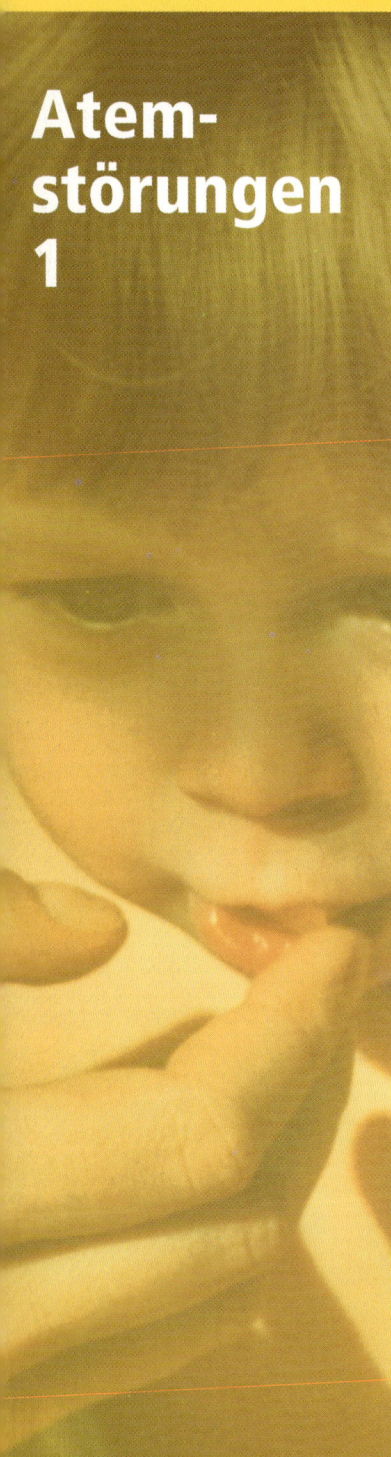

# Atem-
# störungen
# 1

**1) Fremdkörper verschluckt:** ➡
  Legobausteine, Kirschen, große Speisebrocken etc.

# Sofort-Maßnahmen

**Maßnahmen:**
- Zwischen die Schulterblätter auf den Rücken klopfen (5 mal)

⬇

- **Kein Erfolg:**

  ⬇

  **Bis zu 4 Jahren:**
  Kind auf einer harten Unterlage auf den Rücken legen, mit 2 bis 4 Fingern schnelle feste Druckstöße auf die Brustbeinmitte ausüben (5 mal).

  **Ab 4 Jahren:**
  Mit einer oder beiden Händen in die Magengrube mit Richtung nach innen und oben ruckartig drücken, um den Fremdkörper herauszukatapultieren (5 mal).

- **Bei Erfolg:** Abklären, ob eine Verletzung vorliegt.

- **Kein Erfolg:**

  ⬇

  ☎ **Notruf**

- **Bei Erfolg:** Abklären lassen, ob eine Verletzung vorliegt.

! Nach diesem Manöver Ihr Kind immer in einer Klinik untersuchen lassen!

Mehr Info ▶ S. 46

## Atem-störungen 2

**2) Bienen- oder Wespenstich in den Mund:** ➡
Schwellung im Mundraum

**3) Schwellung durch Infektionen:** ➡
(z. B. Pseudokrupp), häufig mit Husten.

**4) Atemnot durch Stürze:** ➡
Abklären, ob eine Kopfverletzung, Brustkorb-
Verletzung oder Rückenverletzung vorliegt:

**Keine sichtbaren Verletzungen:**
- Unklarer Unfallhergang, Besserung ➡
  der Atmung, keine Anzeichen einer
  Verletzung, Kind steht selbst auf:

- Bei klarem Unfallhergang und sofortiger ➡
  Besserung:

# Sofort-Maßnahmen

Atem-
störungen
1

Atem-
störungen
2

Bauch-
schmerzen

Bewusst-
losigkeit

Krampf-
anfälle

Reanimation
(Wieder-
belebung)

Stürze,
Brüche

Unfälle
allgemein

Verbren-
nungen

Vergiftungen

Wunden
(starke
Blutung)

**Maßnahmen:**
- Kühlen (mit Eis oder kaltem Wasser innen u. außen), beruhigen, Gabe von APIS C 30.
- Einstich ist tief im Mund: sofortiger ☎ Notruf
- Einstich in der vorderen Mundhöhle: ggf. ☎ Notruf bei Atembeschwerden.

**Maßnahmen:**
- Kind in feuchte, kühle Luft bringen (Badezimmer, Fenster öffnen, heißes Wasser aufdrehen).
- Ablenkung beruhigt das Kind meist sehr schnell (spazierengehen etc.)
- ggf. ☎ Notruf (häufig nicht nötig)

**Maßnahmen:**
- Möglichst nicht bewegen, beengende Kleidung öffnen, mit dem Kind reden.
- Bei Unsicherheit und Verschlechterung: ☎ Notruf


- Beobachten, trösten
- ggf. mit einem Arzt oder in der Klinik abklären lassen.


- Beobachten, trösten
- Bei Unsicherheit mit Arzt abklären.

Mehr Info ▶ S. 46

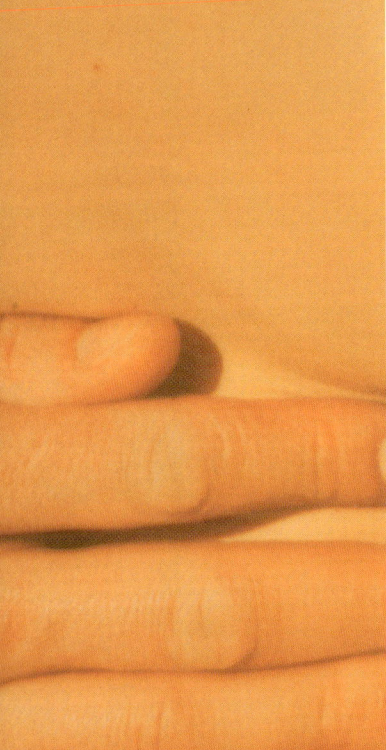

# Diagnose

# Bauch-schmerzen

**Blinddarm-Entzündung, rechter Unterbauch:**
Loslass-Schmerz beim Eindrücken auf der linken Seite. Druck schmerzhaft im rechten Unterbauch.

● Zunahme der Schmerzen meist sehr schnell: ➡

● Das Allgemeinbefinden des Kindes verschlechtert sich immer mehr: ➡

**Starke Bauchschmerzen:**
● Langsame Zunahme der Schmerzen: ➡

● Schnelle Zunahme der Schmerzen:
  ● Schnelle Verschlechterung der Symptome, sehr bedrohlich, das Allgemeinbefinden wird häufig schlechter.

26

# Sofort-Maßnahmen

Atem-störungen 1

Atem-störungen 2

**Bauch-schmerzen**

Bewusst-losigkeit

Krampf-anfälle

Reanimation (Wieder-belebung)

Stürze, Brüche

Unfälle allgemein

Verbren-nungen

Vergiftungen

Wunden (starke Blutung)

**Maßnahmen:**
- Schnell zum Arzt.

- Eine Krankenhaus-Einweisung wird unumgänglich. bei sehr schlechtem Allgemeinbefinden mit dem **Rettungsdienst** ins Krankenhaus fahren.

☎ Notruf

**Maßnahmen:**
- Je nach Allgemeinbefinden zum Arzt.
- Manchmal reicht auch eine telefonische Abklärung aus.

- Sofortige Abklärung mit einem Arzt.
- Bei extrem starken Schmerzen und/oder bei Ohnmacht/ Bewusstlosigkeit sofort den **Rettungsdienst** verständigen:

☎ Notruf

Mehr Info ▶ S. 62

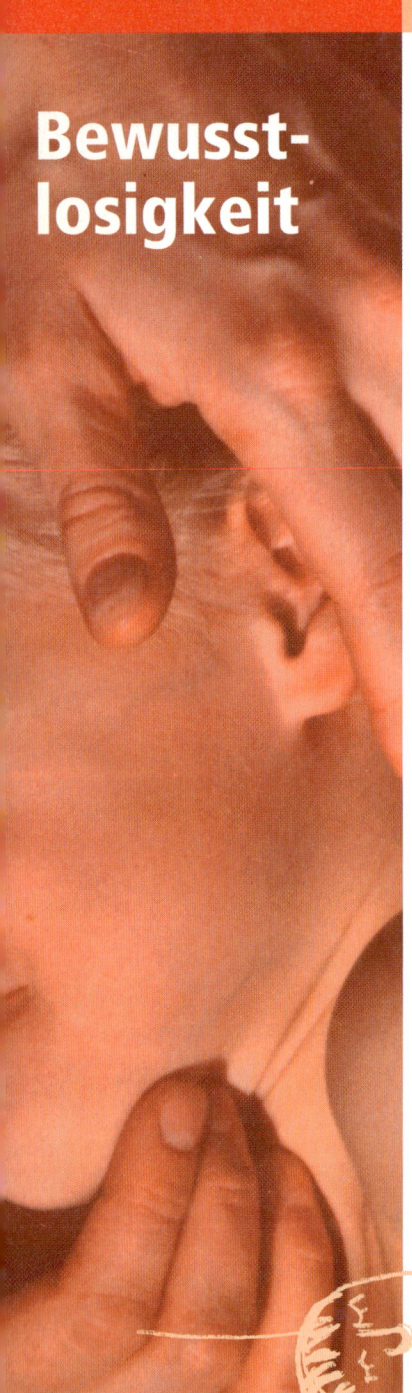

| Diagnose | Notfall |
|---|---|

# Bewusst-losigkeit

1) Das Kind liegt regungslos auf dem Boden: ➡

2) Wenn Bewusstsein nicht vorhanden: ➡

3) Wenn Atmung vorhanden: ➡

4) **Atmung und Puls vorhanden** ➡
   - Wenn der Patient atmet, einen spürbaren Puls hat, aber nicht aufzuwecken ist, ist er bewusstlos

5) **Keine Atmung und Puls**
   - Wenn der Patient nicht atmet, keinen spürbaren Puls hat und nicht aufzuwecken ist, siehe ▶ Reanimation, S.32.

# Sofort-Maßnahmen

Atem-
störungen
1

Atem-
störungen
2

Bauch-
schmerzen

Bewusst-
losigkeit

Krampf-
anfälle

Reanimation
(Wieder-
belebung)

Stürze,
Brüche

Unfälle
allgemein

Verbren-
nungen

Vergiftungen

Wunden
(starke
Blutung)

- **Bewusstsein überprüfen:**
  - Ansprechen, starkes Rütteln, Kneifen

- **Atmung überprüfen:**
  - Mundraum säubern, Kopf überstrecken
  - Hören, sehen, fühlen und spüren

- **Kreislauf überprüfen:**
  - Bei Kindern bis zu 6 Monaten wird der Puls am Kopf hinter dem Scheitel getastet.
  - Bei Kindern ab 6 Monaten bis ca. 12 Jahren wird der Puls an der Oberarm-Innenseite getastet. Danach an der Halsschlagader.

- bis zu 4 Jahren:                    • ab 4 Jahren:
  **Bauchlage, Kopf zur Seite**        **Stabile Seitenlage**

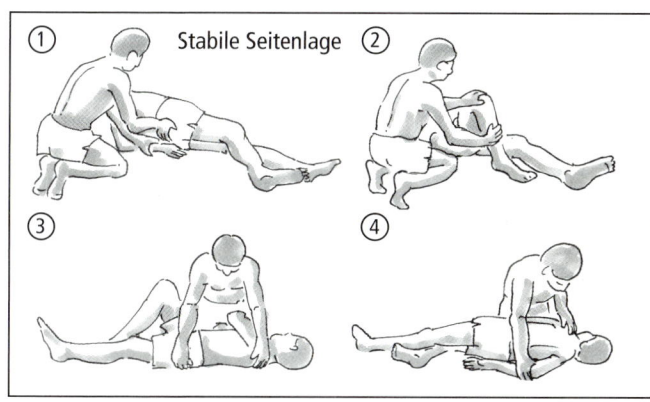

Stabile Seitenlage

 **Notruf**
- Bis zum Eintreffen des **Rettungsdienstes**:
  - Atmung/Puls überprüfen, ca. alle 60 sec. kneifen.

Mehr Info ▶ S. 66

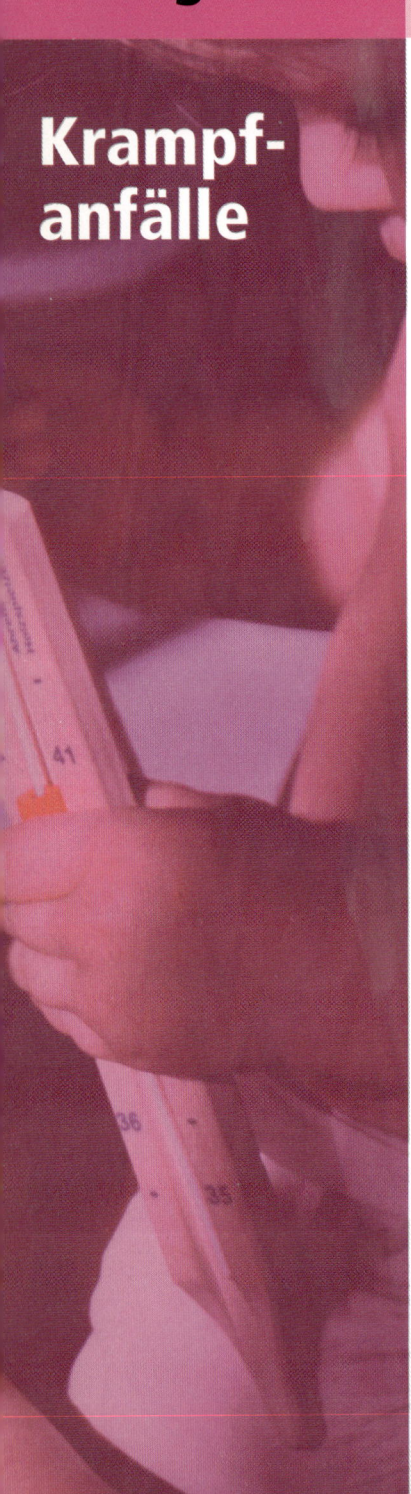

# Krampf-
# anfälle

**1) Epileptischer Anfall:** ➡

Es kommt zu Muskelkontraktionen vieler Muskelgruppen. Arme, Beine, Rumpf, Kopf und Hals sind verkrampft.

- Der Patient ist nicht mehr ansprechbar oder bewusstlos
- Er atmet normalerweise, aber etwas zu wenig

**2) Fieberkrampf:** ➡

Kennzeichen:
- Meistens sehr schneller Fieberanstieg.
- Krämpfe am ganzen Körper bei sehr hohem Fieber ($39^0$ C und höher).
- Alter zwischen dem 1. und 4. Lebensjahr.
- Atmung wird schlechter.

# Sofort-Maßnahmen

Atem-störungen 1

Atem-störungen 2

Bauch-schmerzen

Bewusst-losigkeit

**Krampf-anfälle**

Reanimation (Wieder-belebung)

Stürze, Brüche

Unfälle allgemein

Verbren-nungen

Vergiftungen

Wunden (starke Blutung)

**Maßnahmen:**
- Patient vor Verletzungen schützen, vor allem auf den Kopf achten!
- Während des Krampfes nicht mit „Gewalt" festhalten.

↓

- **Aufwachphase:**
  Ggf. das Kind in die Bauchlage oder Seitenlage bringen, damit Speichel etc. abfließen kann.
- Kind ansprechen, mit dem Kind reden
- Bei Unklarheit bzw. Unsicherheit den **Rettungsdienst** verständigen:

↓

 **Notruf**

**Maßnahmen:**
- Kind vor Verletzungen schützen, vor allem auf den Kopf achten!
- Fiebersenkende Mittel, als Zäpfchen, verabreichen.
- Während des Krampfes nicht mit „Gewalt" festhalten.
- In jedem Fall den **Rettungsdienst** verständigen:

↓

 **Notruf**

Mehr Info ▶ S. 70

31

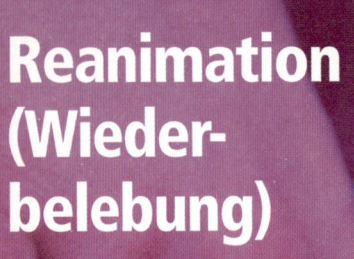

# Reanimation (Wiederbelebung)

Bewusstlosigkeit, Atemstillstand, Pulslosigkeit ➡

Atemstillstand ➡

**Pulslosigkeit** ➡
(Bei Säuglingen auch unter einer Pulsfrequenz von 60 pro Minute).

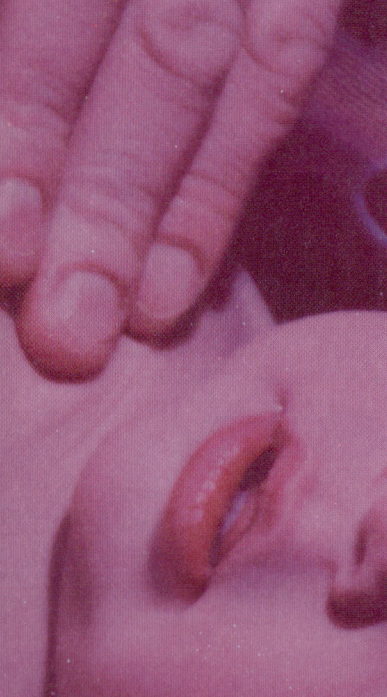

# Sofort-Maßnahmen

Atem-
störungen
1

Atem-
störungen
2

Bauch-
schmerzen

Bewusst-
losigkeit

Krampf-
anfälle

Reanimation
(Wieder-
belebung)

Stürze,
Brüche

Unfälle
allgemein

Verbren-
nungen

Vergiftungen

Wunden
(starke
Blutung)

☎ **Notruf** (wenn allein, Notruf nach 1 Minute Reanimation).

**1) Kind auf eine harte Unterlage legen, Oberkörper frei machen.**

**2) Beatmen**
- Atemwege sichern, Kopf überstrecken und zuerst 3 mal beatmen.
- Langsam Luft hinein blasen, bis sich der Brustkorb leicht hebt.

**3) Herz- Druck Massage**
- Richtigen Druckpunkt aufsuchen:

Druckpunkte beim Baby und beim Kind:

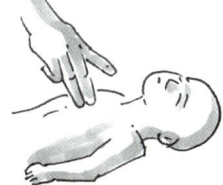 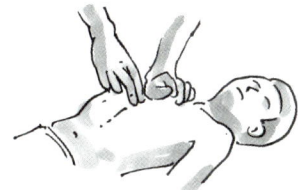

Baby: Ein Finger unterhalb der Brustwarzenlinie mit 2 Fingern

Kind: Zwei Querfinger oberhalb des Brustbein-Endes mit einer Hand

- Senkrecht, ca. 1/3 der Brustkorb Höhe eindrücken.

**4) Ablauf und Rhythmus:**
- Bis zum Schulalter immer 1:5 oder 3:15 (beatmen:drücken)
- Ab dem Schulalter immer 2:15 (beatmen:drücken)

**5) Beachten:**
- Nach jeweils 5 Minuten ist der Puls zu überprüfen.
- Ist ein spürbarer Puls vorhanden, Atmung überprüfen und ggf. weiterbeatmen.
- Eine begonnene Reanimation wird ausschließlich von einem Arzt beendet (es sei denn, der Patient atmet und hat einen spürbaren Puls).

Mehr Info ▶ S. 78     33

# Diagnose

# Notfall

## Stürze, Brüche

**Knochenbrüche:**
- Sichere Zeichen: Verformung und Stufenbildung am verletzten Körperteil.
- Unsichere Zeichen: Schmerzen, Schwellung und eingeschränkte Beweglichkeit

**Kopfverletzung:**
Bei folgenden Kopfverletzungen sollte das Kind auf jeden Fall im Krankenhaus von einem erfahrenen Arzt untersucht werden:

- Bewusstseinsstörungen bis hin zur Bewusstlosigkeit nach einem Unfall
- Starke Kopfschmerzen, gleichbleibend oder sogar schlimmer werdend
- Schwallartiges Erbrechen
- Blutungen aus dem Ohr
- Blutungen im Gesichtsbereich: Lagerung mit dem Gesicht nach unten, damit nach Möglichkeit kein Blut geschluckt wird.
- Kopfplatzwunde:
Verband oder sogar Druckverband.

# Sofort-Maßnahmen

Atem-störungen 1

Atem-störungen 2

Bauch-schmerzen

Bewusst-losigkeit

Krampf-anfälle

Reanimation (Wieder-belebung)

Stürze, Brüche

Unfälle allgemein

Verbren-nungen

Vergiftungen

Wunden (starke Blutung)

**Maßnahmen:**
- Brüche immer ruhig stellen, nicht bewegen.
- Offene Brüche steril abdecken.
- Brüche kleiner Knochen mit Dreiecks-Tüchern ruhig stellen.
- Immer den Rettungsdienst verständigen, wenn der Verdacht auf folgende Brüche besteht: Oberarm, Schulter, Brustkorb, Kopf, Wirbelsäule, Becken und Oberschenkel.
- Wenn andere Knochen betroffen sind, kann man das Kind ggf. selbst in die Klinik fahren. Bei Unsicherheit: **Rettungsdienst** verständigen:

 Notruf

**Maßnahmen:**
- Wenn möglich, den Oberkörper hoch lagern, um den Kopf zu entlasten. Ist das Kind schwerer verletzt (z. B. Wirbelsäulenverletzung), flach lagern.
- Immer wieder das Bewusstsein mit gezielten Fragen überprüfen (Namen, Alter, Wochentag).

! Im Zweifelsfall immer einen Arzt fragen oder ggf. den **Rettungsdienst** kontaktieren:

 Notruf

Mehr Info ▶ S. 85

35

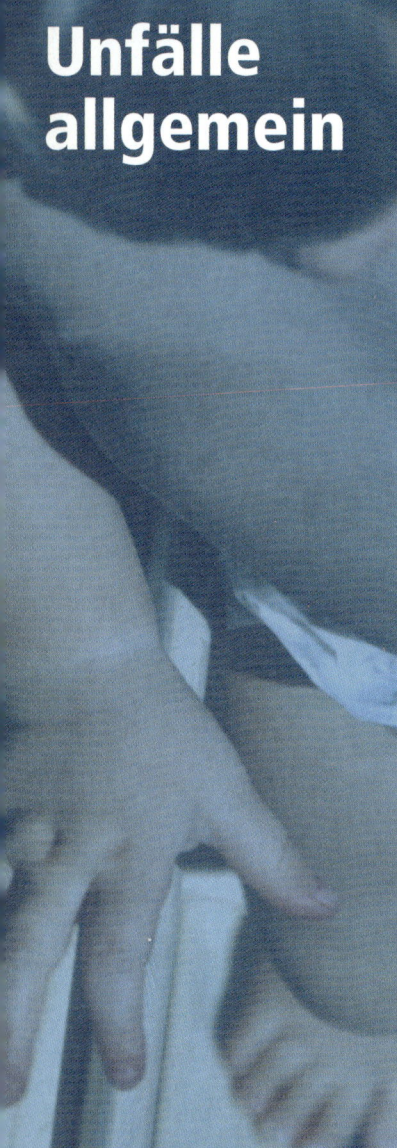

## Unfälle allgemein

Allgemeine Erste Hilfe : ➡

**Bei Unfällen sollte man nach folgendem Schema vorgehen:**

1) Kind steht spontan auf und läuft herum. ➡

2) Kind bleibt am Boden liegen.
   (Kind wird z.B. im Straßenverkehr angefahren/
   hat einen Fahrradunfall)

   • Das Kind ist ansprechbar ➡

   • Das Kind ist nicht ansprechbar/erweckbar ➡
     (kneifen)

# Sofort-Maßnahmen

Atem-
störungen
1

Atem-
störungen
2

Bauch-
schmerzen

Bewusst-
losigkeit

Krampf-
anfälle

Reanimation
(Wieder-
belebung)

Stürze,
Brüche

Unfälle
allgemein

Verbren-
nungen

Vergiftungen

Wunden
(starke
Blutung)

**Maßnahmen:**
1) Eigenschutz beachten, Unfallstelle absichern
2) Patienten aus einem evtl. Gefahrenbereich bringen
3) Bewusstsein überprüfen, bei Bewusstlosigkeit stabile Seitenlage/
   Bauchlage ( ▶ siehe Bewusstlosigkeit, S.28)
4) Starke Blutungen stillen
5) **Rettungsdienst** verständigen: ☎ Notruf
6) Bis zum Eintreffen des **Rettungsdienstes** weiter Atmung und
   Puls überprüfen

- Kind gut beobachten, ob es sich in der Bewegung oder im
  Verhalten verändert.
- Ggf. einen Arzt zu Rate ziehen.

- Gefahrenbereich absichern
- Kind liegen lassen, kurz nach Verletzungen fragen,
  dann den **Rettungsdienst** verständigen: ☎ Notruf

- Atmung und Puls überprüfen. Sind diese vorhanden:
  Stabile Seitenlage/Bauchlage ( ▶ siehe Bewusstlosigkeit, S.28)
  dann den **Rettungsdienst** verständigen: ☎ Notruf

- Atmung und Puls sind nicht vorhanden: ▶ ☎ Notruf
          ▶ siehe Reanimation, S.32

Mehr Info ▶ S. 85

# Diagnose

## Verbren-nungen

**Einteilung in 3 Grade:**

- Erstgradig: Rötung, Schwellung und ➡
  Schmerzen (z. B. Sonnenbrand)

- Zweitgradig: Rötung, Blasenbildung und ➡
  Schmerzen
- Drittgradig: Zerstörung des Gewebes,
  Verkohlung

# Sofort-Maßnahmen

Atem-
störungen
1

Atem-
störungen
2

Bauch-
schmerzen

Bewusst-
losigkeit

Krampf-
anfälle

Reanimation
(Wieder-
belebung)

Stürze,
Brüche

Unfälle
allgemein

Verbren-
nungen

Vergiftungen

Wunden
(starke
Blutung)

**Maßnahmen:**

- Brandsalbe auftragen und Umschläge mit Essig auflegen
  (keine unverdünnte Essigessenz)

- Ggf. Brand löschen, Kind aus dem Gefahrenbereich bringen
- Wenn möglich, nicht verklebte Kleidung entfernen
- Kühlung mit kaltem Wasser ca. 5-10 Minuten
  (Vorsicht: Unterkühlung)
- Steriles Abdecken mit speziellen Verbandstüchern
- Wärmeerhalt, zudecken

☎ **Notruf**

! Alle Verbrennungen über 1 % der Körperoberfläche (eine
Handfläche des Patienten) sollten in einem Krankenhaus
behandelt werden.

! Schockgefahr besteht bei einer Verbrennung ab:
  - 5-10 % der Körperoberfläche bei Kleinkindern
  - 15 % der Körperoberfläche beim Erwachsenen

Mehr Info ▶ S. 90

# Vergiftungen

**Vergiftungen:**
Ihr Kind hat eine schädliche Substanz
zu sich genommen:

1) Zum Zeitpunkt des Auffindens ist Ihr Kind in
   der Persönlichkeit etwas verändert. Es stammelt oder ist unruhig oder zeigt andere nicht
   typische Zeichen einer Veränderung:

2) Ihr Kind hat eine schädliche Substanz zu sich
   genommen und benimmt sich wie „immer":

3) Ihr Kind hat eine schaumbildende Substanz
   zu sich genommen, z. B. Spülmittel:

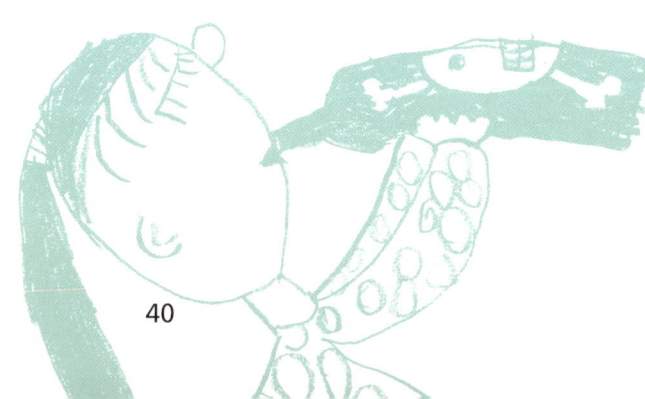

# Sofort-Maßnahmen

Atem-
störungen
1

Atem-
störungen
2

Bauch-
schmerzen

Bewusst-
losigkeit

Krampf-
anfälle

Reanimation
(Wieder-
belebung)

Stürze,
Brüche

Unfälle
allgemein

Verbren-
nungen

Vergiftungen

Wunden
(starke
Blutung)

- In diesem Fall dem Kind sofort SAB SIMPLEX oder LEFAX (ein Teelöffel, ca. 5 ml) geben
- Dann über den Giftnotruf abklären lassen, ob eine Krankenhaus-Einweisung notwendig ist.

 **Notruf**

⬇

- Wenn das Kind nicht mehr ansprechbar ist,
  ▶ siehe Bewusstlosigkeit auf S. 28!
- Wenn das Kind ansprechbar aber verwirrt ist, beruhigend auf das Kind einwirken.

- Wichtig: Keine Hektik, keine Panik.
- Ruhe bewahren und die Giftstoffe sicherstellen.
- Beim Giftnotruf die Gefährlichkeit der Vergiftung abklären!
  - Gegebenenfalls wird der Arzt Ihnen am Telefon raten, in die nächste Klinik zu fahren oder den **Rettungsdienst** zu verständigen: ☎ **Notruf**

- In diesem Fall dem Kind sofort SAB SIMPLEX oder LEFAX (ein Teelöffel, ca. 5 ml) geben
- Dann über den Giftnotruf abklären lassen, ob eine Krankenhaus-Einweisung notwendig ist.

! Bei Vergiftungen immer den Eigenschutz beachten! Erbrochenes, Medikamentenpackungen und ähnliches sicher stellen und dem behandelnden Arzt übergeben.

Mehr Info ▶ S. 94

41

# Wunden (starke Blutung)

**Stark blutende Wunden:**

- Starke Blutung, spritzend: ➡

- Fremdkörper in der Wunde: ➡

42

# Sofort-Maßnahmen

Atem-störungen 1

Atem-störungen 2

Bauch-schmerzen

Bewusst-losigkeit

Krampf-anfälle

Reanimation (Wieder-belebung)

Stürze, Brüche

Unfälle allgemein

Verbren-nungen

Vergiftungen

Wunden (starke Blutung)

**Maßnahmen:**
- Meist sind Arme und Beine betroffen. Die betreffende Extremität hoch halten und mit den Fingern oder der Hand auf die Wunde drücken (Handschuhe).

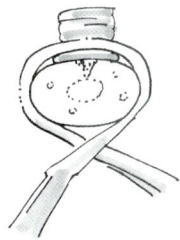 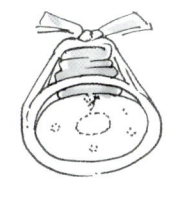

So bald wie möglich einen Druckverband anlegen.

- In eine Klinik fahren, um die Wunde anschauen und nähen zu lassen. Bei sehr starken Blutungen, die kaum zu stoppen sind, und bei Unsicherheit:

**↓**

 **☎ Notruf**

**Maßnahmen:**
- Fremdkörper in der Wunde belassen, umpolstern und von einem Arzt in einer **Klinik** entfernen lassen.
- Je nach Schwere den **☎ Notruf** anrufen.

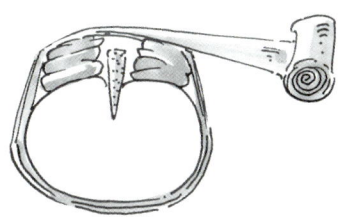

Solange ein Fremdkörper in einer Wunde steckt, kann man davon ausgehen, dass die Wunde kaum blutet.

Mehr Info ▶ S. 100

# 3

# Erläuterungen zu den Sofort-Maßnahmen: Was Sie als Eltern über Kinder-Notfälle wissen sollten

## In diesem Kapitel erfahren Sie, ...

- welche Ursachen Kinder-Notfälle haben können
- auf welche Symptome Sie achten müssen
- welche Maßnahmen Sie selbst durchführen können
- wann Sie professionelle Hilfe holen sollten
- wie Sie Notfällen vorbeugen können
- wie Sie Notfall-Situationen realistisch einschätzen können

# Atemstörungen

Atemstörungen gehören zu den Notfällen, die mit am schnellsten zu einer Lebensbedrohung führen. Es empfiehlt sich im Zweifelsfall immer, sofort den Notruf anzurufen, weil die Mitarbeiter im Rettungsdienst gezielt für solche Notfälle ausgebildet worden sind und alle nötigen Gerätschaften mitbringen.

Deren Aufgabe besteht in erster Linie darin, die Vitalwerte (Atmung, Herz und Kreislauf) zu stabilisieren und den Patienten kreislaufstabil in das nächste geeignete Krankenhaus zu bringen.

Bei Atemstörungen ist der wichtigste Grundsatz: **Ruhe bewahren**

Hektik und Unruhe führen nur dazu, dass sich das betroffene Kind noch mehr in seine Atemnot hinein steigert, was zu einem vermehrten Bedarf an Sauerstoff führt. Das wiederum steigert die Atemnot ganz beträchtlich.

## Ursachen für Atemstörungen

### Verlegung der Atemwege

- Bewusstlosigkeit (Zungengrund fällt zurück)
- Fremdkörper in der Luftröhre oder Speiseröhre
- Insektenstiche im Mund- oder Rachenraum
- Schwellung im Kehlkopfbereich
  - Pseudokrupp (anfallsartiger Brüllhusten)
  - Epiglottitis (Kehldeckel-Entzündung)
  - Allergie

## Schäden am Atemzentrum (im verlängerten Rückenmark)

- Kopfverletzungen
- Schäden an der Halswirbelsäule

## Atemstörung in der Lunge oder den Bronchien

- Asthma-Anfall
- Lungenödem (Wasser in der Lunge)
- Spastische Bronchitis

## Verletzungen am oder im Brustkorb

- Rippenbrüche, Quetschungen

# Allgemeines Vorgehen bei Atemnot

## Im Einzelnen gehen Sie am besten so vor:

- Ruhe bewahren
- **Notruf** anrufen
- Wenn möglich, die Ursache entfernen (zum Beispiel Fremdkörper, Allergieherde etc.)
- Gute Verhältnisse schaffen, wie zum Beispiel:
  - Für eine ruhige Atmosphäre sorgen
  - Beengende Kleidung entfernen
  - Für ausreichend Frischluft sorgen
  - Spezielle Maßnahmen wie:
    - Feuchte kühle Luft (Pseudokrupp)
    - Aufrechte stehende oder sitzende Haltung (Asthma)
    - Gegebenenfalls beatmen (siehe Herz-Lungen-Wiederbelebung) ▶ S. 32

# Die verschiedenen Ursachen im Detail

# 1) Verlegung der Atemwege

## Bewusstlosigkeit (Zungengrund fällt zurück)

Wenn das Kind bewusstlos auf dem Rücken liegt, fällt der Zungengrund-Muskel nach hinten in den Rachen und verlegt diesen. Das Kind kann jetzt so lange nicht mehr atmen, bis jemand den Kopf nach hinten leicht überstreckt. Dazu kann man das Kind auf den Bauch (bis zum 4. Lebensjahr) oder auf die Seite (ab dem 4. Lebensjahr) legen und in dieser Stellung den Kopf leicht überstrecken.

S. 66 ◀ (Weitere Infos siehe Kapitel „Bewusstlosigkeit")

## Fremdkörper in der Luftröhre oder Speiseröhre

Dieser Notfall beinhaltet ein großes Angstpotential. Immer wieder werden wir von Horrormeldungen durch die Presse erschüttert. Die Angst, dem eigenen Kind könne so etwas passieren, ist sehr groß.

Zum Glück haben unsere Kinder aber ein sehr gut funktionierendes Abwehrsystem, um solche bedrohlichen Situationen zu vermeiden. Es geht hier um wichtige Schutzreflexe: Hustenreflex, Schluckreflex und Würgereflex. Diese drei Reflexe sorgen dafür, dass Fremdkörper, aber auch Nahrung nicht in die Luftröhre gelangen.

Sobald etwas an unsere Rachen-Hinterwand gelangt, schlucken wir automatisch. Wenn man sich beim Essen „verschluckt", d. h. der Speisebrei in die Luftröhre gelangt, fängt man automatisch ganz heftig an zu husten. Dagegen kann man sich fast nicht wehren. Davon abgesehen, möchte man das in diesem Moment auch gar nicht.

Atem-
störungen

Ich selbst habe in zwölf Jahren Rettungsdienst diesen Notfall nur zweimal erlebt und kenne auch keine Kollegen, die mit diesem Notfall häufig zu tun hatten. Das bedeutet für Sie, dass die Häufigkeit und damit die Gefahr lange nicht so groß sind, wie Sie vielleicht befürchten. Lassen Sie sich nicht verunsichern. Sie brauchen Ihrem Kind nicht ständig hinterher zu rennen. Letztendlich aber werden Sie es nie ganz verhindern können, dass Ihr Kind in einem bestimmten Lebensabschnitt (zum Beispiel im Krabbelalter) alles in den Mund nimmt.

Versuchen Sie vielmehr, der Gefahr im Vorfeld aus dem Weg zu gehen.

## Wie Sie Atemnot-Notfälle vermeiden können

- Geben Sie Ihrem Kind nur ganze Äpfel zu essen. Daran wird es etwas herumnagen, aber nie sehr große und damit gefährliche Stücke abbeißen. Von Apfel-Scheiben kann Ihr Kind dagegen größere Stücke leicht abbrechen und sich daran verschlucken. Probieren Sie es einfach mal selbst aus.
- Geben Sie Ihrem Kind große Stücke Brot oder Brezel, besser eine ganze Brezelstange. Die werden benagt und weich gelutscht. Rechtzeitig gegen neue austauschen.
- Generell entweder große Stücke nagen lassen oder breiige und flüssige Nahrung zu essen geben.
- Vorsicht: Je mehr Sie Ihrem Kind verbieten, etwas in den Mund zu nehmen, desto mehr steigern Sie die Attraktivität des Ganzen.
- Wenn Ihr Kind etwas im Mund hat, versuchen Sie, jede Hektik und plötzliche Bewegung zu vermeiden. Ihr Kind darf nicht erschrecken, weil es dann plötzlich automatisch stark Luft holt. Der Fremdkörper könnte dadurch in die Luftröhre geraten.

Wenn man große Speisebrocken nicht richtig zerkaut, können sie beim Schlucken Schmerzen verursachen. Außerdem ist es anatomisch möglich, die Luftröhre über die Speiseröhre einzuengen. Die dadurch entstehenden Atembeschwerden sind eigentlich immer kurzfristig, weil die Speisebrocken langsam in den Magen wandern. Allerdings ist dieses „Wandern" häufig sehr schmerzhaft.

## Symptome

- Plötzlich einsetzende Atemnot bzw. Atembeschwerden
- Starkes Husten, evtl. Würgen
- Angstgeweitete Augen, Unruhe
- Blasses Gesicht
- Bläuliche Verfärbung von Lippen, Ohrläppchen und Nase

## Maßnahmen

- Schnelles, sofortiges Handeln ist angezeigt.
- Als Erstes sollten Sie in den Mund hineinschauen. Vielleicht bekommen Sie den Fremdkörper mit den Fingern zu fassen und können ihn herausziehen (zum Beispiel ein großes Stück Apfel etc.)
- Auf den Rücken zwischen die Schulterblätter klopfen (2 bis 5 mal). Kleine Kinder kann man auch an den Beinen hochheben oder über die eigenen Knie legen. Wenn das keinen Erfolg bringt, müssen Sie versuchen, den Druck in der Lunge so weit zu erhöhen, dass der Fremdkörper heraus katapultiert wird.

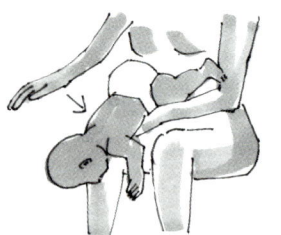 

*Schulterklopfmethode bei Kleinkindern*

## Das Heimlich-Manöver

- Bis zum 4. Lebensjahr mit zwei Fingern oder einer Hand auf die Brustbeinmitte einen schnellen festen Druckstoß zur Wirbelsäule hin, bitte senkrecht drücken. Die Drucktiefe sollte ungefähr ein Drittel der Brustkorbhöhe betragen, wenn das Kind auf dem Boden liegt (1 bis 5 mal).

- Ab dem 4. Lebensjahr stellt man sich hinter das Kind (oder man kniet, je nachdem wie alt das Kind ist), legt eine Faust in die Magengrube, die andere darüber und drückt nun schnell und fest nach innen oben. Dieses Manöver nennt man auch „Heimlich-Handgriff" (nur 1 bis 5 mal ausprobieren).

- Diese Maßnahmen dauern nur wenige Sekunden und führen meistens rasch zum Erfolg. Wenn der ausbleibt, alarmieren Sie bitte sofort den Rettungsdienst.

**Wichtig:**

- Entscheidend für den Erfolg des „Heimlich-Manövers" ist die Schnelligkeit, mit der es durchgeführt wird. Je schneller der Druck-Stoß durchgeführt wird, um so erfolgreicher ist er.

- Nach einem gelungenen und erfolgreichen „Heimlich-Manöver" sollte man das Kind einem Arzt vorstellen. Der muss per Ultraschall den Bauchraum untersuchen, damit hier keine Verletzung übersehen wird.

### Natürliche Heilmittel

Natürliche Heilmittel kommen bei diesem Notfall sinnvollerweise eigentlich nie zum Einsatz. Die Schnelligkeit, mit der die Maßnahmen durchgeführt werden müssen, erlaubt es nicht, dass man sich vom Kind entfernt. Nach einem geglückten Manöver kann man dem Kind Rescue-Tropfen (2 Tropfen direkt auf die Zunge) geben. Bei einer äußerlichen Anwendung empfiehlt sich die Rescue-Creme (zum Beispiel auf den Kehlkopf bzw. den Hals).

# Insektenstiche im Mund- oder Rachenraum

Hauptsächlich in der warmen Jahreszeit kommt es immer wieder zu Stichen durch Bienen und Wespen. Der Stachel einer Biene bleibt in der menschlichen Haut – zusammen mit der Gift gefüllten Blase, die weiterhin Gift in die Wunde pumpt. Bei einer Wespe dagegen bleibt kein Stachel in der Wunde. Somit bleibt die eingebrachte Giftmenge gleich.

Wenn Ihr Kind schon einmal gestochen worden ist (z. B. in den Fuß) und der Verlauf normal ohne überschießende Reaktion war, wird sich auch bei späteren Stichen keine gefährliche Allergie entwickeln. Allerdings ändert sich unser Immunsystem im Laufe des Lebens. Und es ist nie ganz ausgeschlossen, dass sich nicht später einmal eine Allergie entwickelt.

Bei Stichen in den Mundraum wird das Gift direkt in die Schleimhaut injiziert. Diese ist gerade bei Kindern sehr sensibel und reagiert leider sehr schnell mit einer massiven Schwellung. Diese Schwellung kann lebensbedrohlich sein. Am besten schauen Sie dem Kind in den Mund, um zu sehen, wo die Einstichstelle ist.

## Lokalisation und Gefährlichkeit

- Vorderer Mundbereich: Meistens reicht es, den Mundraum ein wenig zu kühlen. Wenn sich aber trotzdem Atembeschwerden entwickeln sollten, sofort den **Notruf** anrufen.
- Im hinteren Mundhöhlen-Bereich sind Stiche sehr gefährlich. Es kommt schnell zu einer Verlegung der Atemwege durch ein massives Anschwellen. Sofort – parallel zu einer Kühlung außen am Hals und im Mund – den **Notruf** anrufen.

## Maßnahmen

- Kühlen der Einstichstelle und des gesamten umliegenden Gebiets. Die Blutgefäße ziehen sich dadurch zusammen, und eine Schwellung wird unterdrückt.
- Man kann eine Zwiebelscheibe auf den Stich legen (Bitte nicht auf die Schleimhäute im Mund). Die enthaltenen ätherischen Öle lindern die Schmerzen und fördern die Regeneration des Gewebes.
- Natürliche Heilmittel finden Sie im Info-Magazin. ▶ S. 159

## Vorbeugende Maßnahmen in der warmen Jahreszeit

- Kinder sollten nur aus durchsichtigen Gläsern und Bechern trinken. Bienen und Wespen werden dadurch sofort erkannt.
- Aus Flaschen trinken Kinder am sichersten mit einem Strohhalm.

# Schwellung im Kehlkopfbereich

Schwellungen im Kehlkopfbereich können sehr schnell lebensbedrohlich werden. Ausgelöst durch Infekte und Allergien, entwickelt sich eine eventuelle Atemnot unter Umständen schnell und unerwartet. Von außen sind diese Schwellungen nur über die Atemnot, pfeifende Atemgeräusche und ein immer ängstlicher werdendes Kind erkennbar. Bedenken Sie bitte in einer solchen Situation, dass es um Minuten gehen kann. Frühzeitig an den Notruf denken.

### Allgemeine Maßnahmen
- Beruhigen
- Von außen kühlen
- Feuchte kühle Atemluft schaffen (im Badezimmer alle Wasserhähne sehr heiß laufen lassen, Fenster öffnen > feuchte kühle Luft), zum Beispiel beim Pseudokrupp.
- Gegebenenfalls **Notruf** anrufen

# Allergisch bedingte Schwellung der Mund- oder Rachen-Schleimhäute

Im akuten Notfall kann man auch mit Medikamenten gut helfen – zum Beispiel mit Salben, die in vielen Haushalten vorrätig sind. Diese Salben außen um den Stich/Schwellung auftragen (nicht in den Mund!).

Dieser Notfall betrifft den ganzen Körper, sodass sich die eigentliche Aufmerksamkeit auf die Atmung konzentrieren muss. Sehr zügig den Notruf anrufen.

Manchmal bekommt man für allergische Kinder vom Kinderarzt ein Cortison-Zäpfchen, das man im Notfall geben soll. Bedenken Sie bitte, dass dieses Zäpfchen erst nach 10 – 20 Minuten wirkt. Geben Sie es also rechtzeitig.

# 2) Schäden am Atemzentrum (im verlängerten Rückenmark)

## Kopfverletzungen

Kopfverletzungen können als Begleitsymptom eine Atemstörung, eine massive Atemnot bis hin zum Atemstillstand nach sich ziehen. Durch einen Druckaufbau im Gehirn (zum Beispiel Schwellung bei einer Gehirnerschütterung) kann es zum Erbrechen und zu einer Beeinträchtigung der Atmung kommen.

Die Gefährlichkeit dieser Verletzung erkennt man an den Veränderungen des Patienten. Zunehmende Kopfschmerzen, schwallartiges Erbrechen und ein verändertes Bewusstsein sind bedrohliche Anzeichen für eine Kopfverletzung.

## Schäden an der Halswirbelsäule

Verletzungen der Halswirbelsäule sind manchmal nicht eindeutig zu erkennen. Bei Unklarheit sollten Sie nach einem Unfall sicherheitshalber immer vom Schlimmsten ausgehen. Selbst wenn das Kind augenscheinlich keine Halswirbelsäulen-Verletzung hat, aber über Kopfschmerzen klagt, sollten Sie den Hals sehr vorsichtig behandeln (sicher ist sicher).

Weitere Informationen erhalten Sie Kapitel „Stürze und Brüche". ▶ S. 85

# 3) Atemstörung der Lunge oder der Bronchien

## Asthma-Anfall

Von einem Asthma-Anfall spricht man, wenn sich die kleinen Äste im luftleitenden System der Lunge (Bronchialbaum) durch einen Spasmus (Krampf) oder eine Schwellung verengen. Diese Verengung der luftleitenden Wege führt zu einer erschwerten Ausatmung und damit zu einer Atemnot.

### Symptome

- Anfallsartig auftretende Atemnot
- Bei der Ausatmung kommt es evtl. zu pfeifenden Geräuschen
- Meistens nimmt das Kind dabei eine aufrecht sitzende oder stehende Haltung ein. Unter Zuhilfenahme des ganzen Brustkorbvolumens und des Zwerchfells versucht es, die Atemnot zu lindern.
- Die Augen sind weit, und das Kind hat große Angst.

### Maßnahmen

- Bekommt das Kind bereits Medikamente, muss es die zu Beginn des Anfalls sofort einnehmen.
- Kommt es durch diese Medikation nicht zu einer spürbaren Besserung, informieren Sie den behandelnden Arzt oder rufen Sie den Notruf an.
- In schweren Fällen kommt es zu einer bläulichen Verfärbung der Lippen oder des ganzen Gesichtes. Sofort den **Notruf** anrufen.
- Jeder Asthma-Anfall kann zur Bewusstlosigkeit und zum Atem-Stillstand führen. Bei einem dramatischen Verlauf bitte umgehend den **Notruf** anrufen.
- S. 155 ◀ Natürliche Heilmittel finden Sie im Info-Magazin.

# Lungenödem (Wasser in der Lunge)

Unter einem Lungenödem versteht man eine Wasseransammlung in der Lunge. Diese Erkrankung kommt bei Kindern eigentlich nur in zwei Notfall-Situationen vor:

- Vergiftungen, zum Beispiel durch Rauchgase bei Bränden
- Nach einem Ertrinkungsunfall

Ein Lungenödem durch eine kardiale Ursache (angeborene Herzerkrankungen) ist bei Kindern extrem selten.

## Mechanismus des Lungenödems

Die eindringenden Gifte oder das eindringende Wasser schädigen die Strukturen in der Lunge. Dabei kommt es zu winzigen sich ausbreitenden Entzündungen. Die Oberfläche der luftaustauschenden Bereiche in der Lunge (Alveolen) werden geschädigt.

Vom Herzen wird weiterhin Blut (unser Blut besteht zu ungefähr 50% aus Wasser) durch die Gefäße der Lunge gepumpt. Die Schutzschicht zwischen Blutgefäßen und Lunge wird so weit geschädigt, dass Wasser aus den Blutgefäßen in die Lunge übertreten kann.

Diese Wasseransammlung in der Lunge nennt man Lungenödem. Gefährlich ist das Voranschreiten des Prozesses, weil die Atembeschwerden sehr schnell zu einer akuten Atemnot führen können. Frühzeitig an den Notruf denken.

## Maßnahmen

- Patient aus dem Gefahrenbereich bringen
- Beruhigen, psychische Betreuung leisten
- Aufrechtes Sitzen. Arme und Beine sollten herunterhängen, wenn man brodelnde Geräusche beim Einatmen hört
- Beengende Kleidung öffnen
- **Notruf** anrufen
S. 160 ◀ ◊ Natürliche Heilmittel finden Sie im Info-Magazin.

Atem-
störungen

# Spastische Bronchitis

Unter einer spastischen Bronchitis versteht man eine Infektion der luftleitenden Wege, der Bronchien. Dies führt zu einer Behinderung der Atmung bis hin zu einem krampfartigem Husten mit starken Atem-Beschwerden. Diese Erkrankung wird immer wieder mit Pseudokrupp oder vereinzelt mit dem Asthma bronchiale verwechselt.

Zur Unterscheidung: Pseudokrupp-Kinder sind im Normalfall vor und nach dem Anfall „völlig" gesund. Kinder mit einer spastischen Bronchitis haben vor und nach dem Hustenanfall Beschwerden. Seien Sie bitte mit dem Verdacht Pseudokrupp vorsichtig, und lassen Sie sich das auch nicht so schnell einreden. Häufig ist das nämlich eine Fehldiagnose.

Vorsicht: Jede Bronchitis birgt das Risiko einer absteigenden Infektion in sich. Die Erreger befallen immer tiefere Bereiche der Bronchien, bis sie letztendlich direkt auf die Lunge übergehen. Das wiederum kann dann zu einer Lungenentzündung führen.

Fazit: Gehen Sie rechtzeitig zum Arzt, damit er Ihr Kind ausgiebig untersuchen und behandeln kann. Ziel muss es sein, eine Lungenentzündung zu vermeiden.

## Maßnahmen

- Psychische Betreuung
- Aufrechtes Sitzen
- Feuchte, kühle Luft schaffen. Im Badezimmer die Fenster öffnen und alle Wasserhähne ganz heiß aufdrehen. Das lindert den Hustenreiz und beruhigt die leicht angeschwollenen Bronchien.
- Natürliche Heilmittel finden Sie im Info-Magazin. ▶ S. 155

# 4) Verletzungen am oder im Brustkorb

## Rippenbrüche, Quetschungen

Bei Unfällen kann es immer auch zu Verletzungen im Brustbereich kommen. Quetschungen und Brüche sind möglich.

Die Gefahr wird normalerweise sehr schnell durch die zunehmende Atemnot erkannt.

### Verletzungsmöglichkeiten

- Es kommt zu einer Prellung oder Quetschung des Brustkorbes oder der Brustwirbelsäule. Diese Verletzung kann reflektorisch zu einem kurzfristigen Atemstillstand führen, weil das Kind dann unwillkürlich die Luft anhält. Kombiniert mit einem „psychischen" Schock, kommt es manchmal zu einer Ohnmacht, nach der sich der Patient aber zusehends wieder erholt.

- Bei sehr schweren Stürzen kann es zu Rippenbrüchen kommen. Dank der Beweglichkeit und Biegsamkeit der Knochen ist, gerade bei Kindern, ein Bruch sehr selten. Sollte es trotz allem zu einer Fraktur kommen, besteht die große Gefahr, dass die gebrochenen Rippen in die Lunge spießen und so zu einer akuten Atemnot führen.

**Wichtig:**
Es kann sein, dass sich zu Beginn einer Brustkorbverletzung wenig dramatische Symptome zeigen. Im weiteren Verlauf kann es dann schnell gefährlich werden. Bitte denken Sie rechtzeitig an eine Untersuchung durch Fachpersonal.

S. 85 ◀ Weitere Informationen finden Sie unter „Stürze und Brüche".

## Maßnahmen bei Atembeschwerden

- Ruhe bewahren. Aufregung führt zu Hektik und Panik, was den Sauer-stoffbedarf des Patienten zusätzlich steigert
- Das Kind aufrecht hinsetzen, stehen oder herum laufen lassen. Bei Un-klarheit versuchen, den Patienten zu befragen
- Versuchen Sie, den Patienten zum Atmen anzuregen
- Beengende Kleidung öffnen
- Für Frischluft sorgen
- Gegebenenfalls den Notruf anrufen.
- Bis zum Eintreffen des Rettungsdienstes Puls und Atmung überwachen und regelmäßig kontrollieren.
- Natürliche Heilmittel finden Sie im Info-Magazin.

▶ S. 155

# Bauchschmerzen

Bauchschmerzen im Kindesalter sind prinzipiell keine Erkrankung, sondern nur ein Symptom. Deshalb ist es häufig schwierig herauszubekommen, ob sich hinter den „Bauchschmerzen" eine Notfallsituation oder „nur" ein Begleitsymptom zu einer bestehenden Erkrankung verbirgt (wie zum Beispiel einem banalen Infekt).

> **Wichtig:**
> Bitte lassen Sie Bauchschmerzen immer rechtzeitig vom Arzt abklären, bevor sie zu einem akuten Notfall werden.

## Akute Blinddarm-Entzündung (Appendizitis)

Diese relativ häufig vorkommende Erkrankung, die auch zum Notfall werden kann, ist meist leicht zu erkennen. Der Blinddarm liegt im rechten Unterbauch und arbeitet an der Verdauung mit. Am Ende des Blinddarms befindet sich ein kleines Anhängsel, der Wurmfortsatz. Dieser Wurmfortsatz ist es, der die akute Blinddarm-Entzündung verursacht.

Diese Entzündung kann zu einer Eiteransammlung im Wurmfortsatz führen. Wenn dieses mit Eiter gefüllte Anhängsel platzt, entsteht eine lebensgefährliche Situation, die eitrige Bauchfell-Entzündung (Peritonitis). Um diese extreme Notfallsituation gar nicht erst aufkommen zu lassen, wird meistens sehr schnell operiert.

Um eine Operation zu vermeiden, ist es wichtig, rechtzeitig – schon bei geringen Schmerzen – zum Arzt zu gehen.

## Typische Symptome

- Langsam bis schnell einsetzendes Fieber
- Zunehmende Schmerzen im rechten Unterbauch
- Rektale Temperaturmessung (im Po) ca. 1° C höher als unter der Achsel
- Wenn man auf der linken Unterbauch-Seite langsam aber tief eindrückt und plötzlich loslässt, kommt es auf der rechten Seite zum typischen „Loslass-Schmerz"

**Bauch-
schmerzen**

## Lokalisierung des Blinddarms

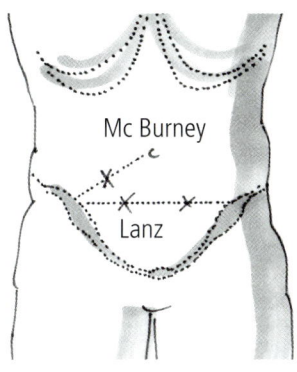

*Druckschmerz am Mc Burney Lanz-Punkt. Dies ist die ungefähre Lokalisation des Blinddarms.*

## Maßnahmen

- Es gibt allerdings auch untypische Entzündungen, die nicht sehr leicht zu erkennen sind. Deshalb versuchen Sie bei Bauchschmerzen bitte nicht, selbst eine Diagnose zu stellen, sondern gehen Sie sicherheitshalber mit Ihrem Kind zum Arzt.
- Natürliche Heilmittel finden Sie Info-Magazin.

▶ S. 156

# Allgemeines zu akuten Bauchschmerzen

## Alarmzeichen bei Bauchschmerzen

- Plötzlich einsetzende oder immer stärker werdende Bauchschmerzen
- Zusätzlich auftretendes Erbrechen
- Eine harte Bauchdecke mit blasser Gesichtsfarbe des Kindes
- Schmerzen schon bei leichten Erschütterungen
- Schwere, langanhaltende Durchfälle
- Kein Stuhl- und Harnabgang über einen längeren Zeitraum
- Blut im Stuhl oder Urin
- Zusätzlich hohes Fieber (ab 39° C)
- Schlechter Allgemeinzustand mit Verwirrtheit und Abwesenheit des Kindes
- Schock-Symptome, blasses Gesicht, schwacher schneller Puls
- Starke Bauchschmerzen bei einer möglichen Vergiftung

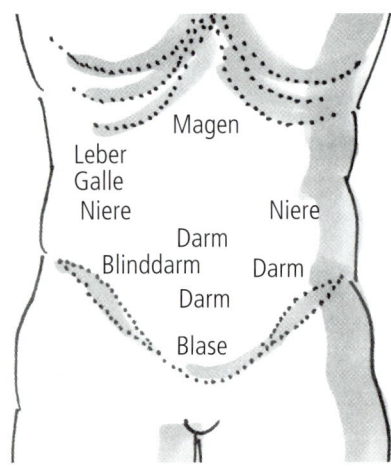

# Maßnahmen bei Bauchschmerzen

**Bauch-
schmerzen**

- Beruhigung, psychische Betreuung
- Am wichtigsten ist eine entspannte Lagerung des Kindes. Entweder können Sie ihm eine Knierolle unter die Knie legen oder es mit angewinkelten Knien auf die Seite legen.
- Essen und Trinken sollte nach Möglichkeit ganz eingestellt werden, bis ein Arzt Ihr Kind untersucht hat. Weil bei manchen Erkrankungen (zum Beispiel einer Blinddarm-Entzündung) eine Operation notwendig ist, sollte das Kind möglichst nüchtern sein.
- Schmerzmittel sollten nicht ohne Rücksprache gegeben werden, weil sie zwar die Schmerzen lindern, aber dadurch die weitere Diagnostik erschweren können. Ein Kind, das keine Schmerzen mehr hat, kann bei einer Untersuchung unter Umständen wichtige Auskünfte nicht mehr geben.
- Bei sehr kleinen Kindern sollten Sie schnell ärztliche Hilfe holen. Kleine Kinder haben bei Erkrankungen geringe Toleranzgrenzen. Das führt schneller zu lebensbedrohlichen Situationen.
- Wenn weitere Erkrankungen dazu kommen – wie Fieber, Durchfall oder Erbrechen – ist schnelles Handeln erforderlich. Sie brauchen einen Arzt.
- Wenn sich das kranke Kind in der Symptomatik verändert, sollten Sie ebenfalls einen Arzt hinzuziehen. Eine schnelle Verschlimmerung der Symptome müssen Sie immer sehr ernst nehmen. Scheuen Sie sich nicht, den **Notruf** anzurufen.
- Natürliche Heilmittel finden Sie im Info-Magazin. ▶ S. 156

Es ist und kann nicht die Aufgabe von Eltern und anderen Betreuern von Kindern sein, die Ursache für Bauchschmerzen eindeutig herauszufinden.

Häufig werden bei einer ärztlichen Untersuchung nur harmlose Erkrankungen erkannt. Manchmal aber verstecken sich hinter scheinbar harmlosen Bauchschmerzen auch schwere Krankheiten. Deshalb beachten Sie besonders die unter „Alarmzeichen" beschriebenen Punkte.

# Bewusstlosigkeit

Bewusstlosigkeit stellt immer einen sehr ernst zu nehmenden Notfall dar. Das Vorgehen in sieben Schritten ist für die Diagnose „Bewusstlosigkeit" und das weitere Handeln von entscheidender Bedeutung.

Meistens trifft der Rettungsdienst bei der Meldung „Bewusstlos" einen wachen Patienten an. Das kommt daher, dass die meisten Menschen glauben, wer auf lautes Anreden und Schütteln nichts sagt, der sei bewusstlos. Diese Einschätzung ist falsch. Lesen Sie jetzt, wie Sie ganz leicht feststellen können, ob Ihr Kind wirklich bewusstlos ist.

Nach drei Sekunden kann man schon eine Bewusstlosigkeit melden. Das Schema „Ansprechen, Schütteln, Kneifen" kann bei jedem Notfallpatienten angewendet werden. Es dauert wirklich nur wenige Sekunden – und durch das Kneifen trifft man die so wichtige Unterscheidung zwischen „Ohnmacht" (Patient erwacht) und „Bewusstlosigkeit" (Patient ist nicht aufweckbar).

 ## Vorgehen in 7 Schritten

1) Lautes Ansprechen, wenn möglich mit Namen
2) Schütteln, zum Beispiel an den Schultern
3) starken Schmerzreiz setzen:
   Kneifen in die Oberarminnenseite. Wenn keine Reaktion folgt: Bewusstlos.
4) Atmung überprüfen:
   Sehen, Hören, Spüren und Fühlen: Atmung vorhanden
5) Puls überprüfen: Puls vorhanden
6) Bauchlage bis 4 Jahre, Seitenlage ab 4 Jahre
7) **Notruf:** Bewusstlosigkeit melden

## Erläuterungen zu den 7 Schritten

**Zu 1:** Lautes deutliches Ansprechen, wenn möglich mit Namen. Manche Verletzungen, Erkrankungen führen zu einem schlafähnlichem Zustand.

**Zu 2:** Durch Rütteln an den Schultern können auch Patienten, die schlafen oder sich in einem schlafähnlichen Zustand befinden, unter Umständen aufgeweckt werden.

**Zu 3:** Der Schmerzreiz ist sehr wichtig. Ein Patient, der auf einen Schmerzreiz „irgendwie" durch Sprechen, Lallen, unkoordinierte oder koordinierte Bewegungen reagiert, ist nicht bewusstlos.
Erst wenn ein Patient auf einen deutlichen, schmerzhaften Reiz nicht reagiert, sind lebenswichtige Schutzreflexe nicht mehr aktiv. Schluck-, Würge- und Hustenreflex fallen aus. Die Zungenmuskulatur fällt, wenn der Patient in Rückenlage liegt, nach hinten in den Rachen. Damit droht eine akute Erstickungsgefahr.

**Zu 4:** Die Atmung wird mindestens 10 Sekunden lang überprüft, indem man alle seine Sinne einsetzt (Sehen, Hören, Spüren und Fühlen). Den Mund- und Rachenraum bei unveränderter Lage des Kopfes überprüfen, in den Mund schauen und Fremdkörper oder Erbrochenes entfernen. Den Kopf in „Schnüffelstellung" bringen oder – ab dem 4. Lebensjahr – nach hinten überstrecken.

> **Bewusst-
> losigkeit**

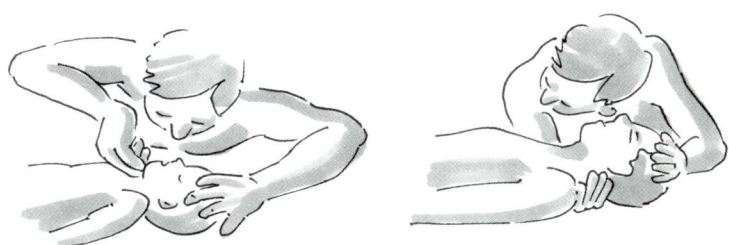

*Schnüffelstellung  Überstrecken + Überprüfen*

**Zu 5:** Der Puls wird bei einem Patienten, der nicht ansprechbar ist, an drei Stellen überprüft:

- Bis zum 1. Lebensjahr an der Fontanelle (die offene Stelle in der Mitte des Kopfes, direkt hinter der Stirn)
- Vom 1. bis 12. Lebensjahr an der Oberarm-Arterie, indem man vorsichtig die Arterie gegen den Oberarm-Knochen drückt. Ab dem 4. Lebensjahr kann man die Messung am Hals als Alternative zum Oberarm ausprobieren.
- Ab dem 12. Lebensjahr wird der Puls nur noch an der Halsschlagader überprüft. Man geht seitlich von der Kehlkopfspitze mit zwei bis drei Fingern langsam in die Tiefe, bis man den Puls fühlt. Das sollte man vorher ein paar Mal üben.
- Atmet das Kind nicht und ist auch kein Puls zu tasten, müssen Sie sofort reanimieren.

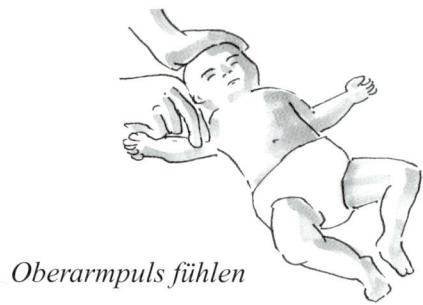

*Oberarmpuls fühlen*

**Zu 6:** Wenn das Kind nicht aufweckbar ist (siehe Schritt 1 bis 3), aber atmet und einen spürbaren Puls hat, so legt man es bis zum 4. Lebensjahr in die Bauchlage und den Kopf auf die Seite, ab dem 4. Lebensjahr in die stabile Seitenlage.

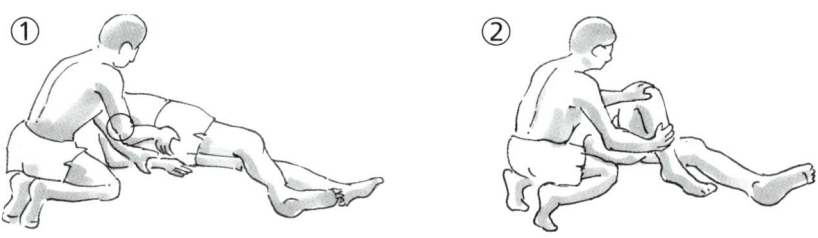

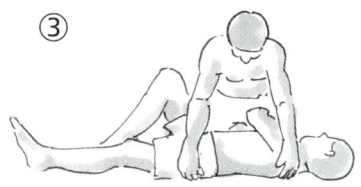 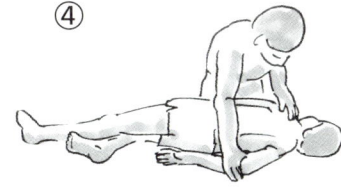

*Stabile Seitenlage*

**Bewusst-losigkeit**

**Zu 7**: Jetzt muss der **Notruf** angerufen werden.

## Was Sie über die stabile Seitenlage wissen sollten

Der Sinn der Seitenlage ist es, den Magen höher zu bringen als den Mund. Man überstreckt in der Seitenlage den Kopf nach hinten und öffnet den Mund. Damit kann, wenn der Patient erbricht, was sehr häufig der Fall ist, Erbrochenes ablaufen. Die Atemwege bleiben frei – und der Patient kann atmen.

Wenn Ihnen in einer Notfallsituation nicht mehr genau einfällt, wie die korrekte stabile Seitenlage geht, merken Sie sich einfach: Magen höher als der Mund. Eine im Notfall durchgeführte Seitenlage muss effektiv sein und den Patienten vor dem Ersticken bewahren. Die äußere Form ist dabei nebensächlich.

## Bis zum Eintreffen des Rettungsdienstes:

- Kontinuierlich Puls und Atmung überprüfen.
- Den Patienten ca. alle 60 Sekunden kneifen und versuchen zu wecken.
- Natürliche Heilmittel finden Sie im Info-Magazin.

▶ S. 157

# Krampf-Anfälle

**Für Krampf-Anfälle gibt es verschiedene Ursachen:**
- Schädel-, Hirn-Verletzungen oder Verletzungen nach einem Unfall
- Schneller Fieberanstieg führt zu einem Fieberkrampf
- Unterzuckerung. Zuckerkrankheit gibt es auch schon bei Kindern
- Vergiftungen
- Sonnenstich, Reizung der Hirnhäute
- Hirnhautentzündung
- Psychische Störungen
- etc.

## Epileptische Anfälle

Epileptische Anfälle sind durch einen Krampf, der den ganzen Körper betrifft, gekennzeichnet. Die verschiedenen Unterformen spielen in der Notfallmedizin nur eine Nebenrolle. Ich möchte mich an dieser Stelle also auf den „Großen Anfall" oder die „Grand Mal Epilepsie" konzentrieren.

### Ein typischer Ablauf könnte so aussehen:

- Der Patient hält in seinem Tun inne, kehrt den Blick nach oben und stürzt evtl. mit einem Seufzer oder Schrei in sich zusammen.
- Bei diesem Sturz sind Verletzungen leider sehr häufig. Am gefährdetsten ist der Kopf.
- Es kommt zu Verletzungen. Zuckungen am ganzen Körper. Die Gliedmaßen sind gebeugt oder starr ausgestreckt.
- Manchmal beißen sich die Krampfenden in die Zunge. Das führt zu starken Blutungen.
- Es kann sein, dass es zu einer Schaumbildung (rötlich oder weißlich) vor dem Mund oder zu einem unwillkürlichen Harn- und Stuhlabgang kommt.
- In der Regel enden diese Anfälle sehr schnell von selbst.

In der Zeit nach dem Anfall sind die Patienten häufig müde und wachen nur ganz langsam auf. Man sollte ihnen ab und zu Fragen stellen, die einem erkennen helfen, inwieweit der Patient wieder orientiert ist („ *Wie heißt du?* ", „ *Wo bist du jetzt?* " etc.). In der Erholungsphase sind diese Patienten häufig schläfrig.

## Maßnahmen

- Zu allererst müssen Sie den Patienten vor Verletzungen bewahren. Vor allem den Kopf durch Polster schützen.
- Im Weiteren beim Patienten bleiben und ihn genau beobachten.
- Bei Kieferbissen sollten Sie versuchen, einen weichen oder gummiartigen Gegenstand zwischen die Zähne zu bringen. Vorsicht: Nicht mit den bloßen Händen in die Kiefer fassen (Bissgefahr, Infektionsgefahr)
- Beim Notruf gehen Sie am besten so vor:
  - Wenn Sie den Patienten nicht kennen oder wissen, dass es sein erster Anfall sein muss, sollten Sie immer sofort den **Notruf** anrufen.
  - Wenn Sie wissen, dass es sich um einen bekannten Epileptiker handelt, sollten Sie ca. 5 Minuten abwarten. Sollte der Anfall in dieser Zeit nicht von allein aufhören: **Notruf** anrufen.
- Wenn sich nach dem Anfall herausstellt, dass sich der Patient verletzt hat (vor allem Kopfplatzwunden etc.), sollte man in jedem Fall eine ambulante Untersuchung durchführen lassen.

Epileptiker, die bereits medikamentös behandelt werden, haben seltener Anfälle. Wenn so ein Anfall zum ersten Mal auftritt, sollte der Patient auf jeden Fall ärztlich untersucht werden. So kann festgestellt werden, ob es sich wirklich um eine Epilepsie handelt. Und wenn ja, kann der Patient dann medikamentös eingestellt werden.

**Krampfanfälle**

# Fieberkrampf

Unter einem Fieberkrampf versteht man einen „großen" Krampfanfall, der den ganzen Körper betrifft. Arme, Beine und der ganze Rumpf mit Hals und Kopf werden steif und fangen mehr oder weniger leicht an zu zucken. Der wichtigste Unterschied zum epileptischen Anfall ist das hohe Fieber. Außerdem treten epileptische Anfälle meist erst in einem höheren Alter auf.

Bei jedem schnellen Fieberanstieg (in drei Stunden auf über 39,5° C) im Kindesalter muss mit einem Fieberkrampf gerechnet werden. Dieser schnelle Anstieg ist für jeden Menschen eine große körperliche Belastung. Bei Kindern scheint diese Belastung Fehlfunktionen hervorzurufen, die dann wahrscheinlich zum Fieberkrampf führen.

Viele Kinder haben in ihrem Leben nur einen oder zwei Anfälle. Im Allgemeinen ist die Prognose (Vorhersage) sehr gut.

## Allgemeines zum Fieberkrampf

- Fieberkrämpfe treten in der Regel zwischen dem 1. und 4. Lebensjahr auf. Manchmal verschiebt sich diese Grenze auch nach oben.
- Etwa 3 % der Kinder erkranken daran.
- Die Krämpfe erfassen meistens den ganzen Körper. Die Krämpfe ebben nach wenigen Minuten ab. Nur in ganz seltenen Fällen dauern sie länger.
- In über 95 % der Fälle ist die Prognose des Fieberkrampfes sehr gut.
- Besonders häufig treten Fieberkrämpfe bei einem sehr schnellen Fieberanstieg auf. Wenn Sie einen schnellen Anstieg bremsen oder mildern können, sinkt damit das Krampfrisiko erheblich.
- In den ersten zwei Fiebertagen ist die Gefahr eines Fieberkrampfes am größten.

## Maßnahmen

- Ruhe bewahren
- Ihr Kind in jedem Fall vor Verletzungen schützen
- Hört der Krampf nicht unverzüglich auf, in jedem Fall den Notruf anrufen
- Bis zum Eintreffen des Rettungsdienstes Atmung und Puls überprüfen
- Das Kind vor Verletzungen schützen
- Natürliche Heilmittel finden Sie im Info-Magazin.

▶ S. 158

Ein Fieberkrampf, der nicht von selbst (spontan) aufhört, muss vom Rettungsdienst medikamentös unterbrochen werden, um Schäden vom Kind abzuwenden. Das ist auch der Grund dafür, dass Sie bei jedem Anfall sofort den Notruf anrufen sollten.

**Krampf-anfälle**

# Allgemeines zu Fieber

## Körpertemperatur bei rektaler Messung (im After)

| Untertemperatur | unter 36,0° C |
|---|---|
| normal | 36,0 bis 37,5° C |
| erhöht | 37,6 bis 38,0° C |
| Fieber | über 38,0° C |

Fieber, d.h. eine Erhöhung der Körpertemperatur über Normalwerte, ist eines der häufigsten Krankheitszeichen im Kindesalter, das isoliert oder zusammen mit anderen Symptomen (Krankheitszeichen) auftreten kann. Ursachen sind zum Beispiel große Anstrengung oder Aufregung. Auch eine örtlich begrenzte Entzündung oder eine Allgemeininfektion wie Grippe können eine Fieberreaktion auslösen. Vergiftungen können durch einen Angriff des Giftes direkt im Gehirn eine Störung des Wärmeregulations-Zentrums mit Erhöhung, aber auch mit starker Erniedrigung der Körpertemperatur auslösen. Vor allem im Säuglings- und Kleinkindalter können scheinbar banale Ursachen wie stärkeres Schwitzen, Erbrechen oder Durchfall durch den Flüssigkeitsverlust zu Fieber führen.

Als Begleitzeichen bei Fieber treten häufig Gänsehaut, Schüttelfrost, Frieren, kalte Extremitäten, Schwitzen und eine gerötete Haut auf. Der Puls ist im Allgemeinen schnell und flach. Aber gerade bei Säuglingen und Kleinkindern lässt sich aufgrund der normalen Pulswertschwankungen aus der Höhe des Pulses kein direkter Hinweis auf die Höhe des Fiebers gewinnen.

> **Merke**
> Bei ansteigender Körpertemperatur friert man (Schüttelfrost!),
> bei abfallender Körpertemperatur schwitzt man (Nachtschweiß!)

Im Gegensatz zum Erwachsenenalter kann vor allem beim Säugling und Kleinkind bei hohem Fieber ein Krampfanfall ausgelöst werden – aufgrund der noch nicht ausgereiften natürlichen Fieber-Hemmschwellen.

## „Fieberkinder"

Das Fieber ist eine der wichtigsten natürlichen Abwehr-Maßnahmen bei Erkrankungen. Fieber zu unterdrücken führt zu kränkelnden Kindern. Es ist natürlich eine schwierige Situation, wenn man ein Kind hat, das zu Krämpfen neigt, das Fieber nicht zu unterdrücken.

Um aus diesem wenig hilfreichen Kreislauf (Fieber – unterdrücken – krankes Kind / Fieber – unterdrücken – krankes Kind...) herauszukommen, empfehle ich Ihnen, mit Ihrem Kind einen Heilpraktiker oder einen naturheilkundlich arbeitenden Arzt aufzusuchen. Der kann das schwache Immunsystem Ihres Kindes wieder ins Gleichgewicht bringen. Ein Kind, das eine Krankheit mit Fieber herausschwitzt, ist auf Dauer gesünder und weniger anfällig für Krämpfe und andere Erkrankungen.

Kinder, die durch verschiedene Erkrankungen das „Fiebern" verlernt haben, können es wieder lernen. Es gibt bei jedem Kind eine individuelle Fieberschwelle, bis zu der man ein Kind gefahrlos fiebern lassen kann. (Die einzige Ausnahme ist der sehr schnelle Fieberanstieg. Der sollte sofort gebremst werden.)

Die persönliche Fieberschwelle muss aber erst einmal gefunden werden. Wenn ein Kind zum Beispiel wegen schwerer Erkrankungen häufig mit Antibiotika und fiebersenkenden Mitteln behandelt worden ist, ist der natürliche Regelprozess des Fiebers oft aus dem Gleichgewicht geraten. In diesem Fall muss das Kind unter fachkundiger Aufsicht wieder langsam an seine Schwelle herangeführt werden.

**Krampf-
anfälle**

Der Aufwand dafür lohnt sich in jedem Fall, weil Ihr Kind zukünftig ein besseres Abwehrverhalten (mit hohem Fieber) zeigt und Krankheiten damit schneller und vollständig ausheilen kann.

## Maßnahmen, natürliche Heilmittel bei Fieber

- Hochfiebernde Kinder sollten genügend Flüssigkeit und gegebenenfalls elektrolythaltige Getränke zu sich nehmen.
- Während eines akuten Fieberschubes muss man nicht viel essen. Gerade Kinder spüren das und verweigern häufig feste Nahrung. Plötzlich bekommen sie nach 2 bis 3 Tagen einen „Bärenhunger". Jetzt können Sie davon ausgehen, dass die Erholungsphase anfängt. Man sollte trotzdem immer etwas zu essen anbieten – allerdings nur leicht verdauliche Kost mit vielen Vitaminen und Mineralstoffen (zum Beispiel Obst und Suppen).

- Ruhe und Geborgenheit sind die Eckpfeiler, um gesund zu werden. Eine strenge Bettruhe ist manchmal kaum durchzuführen, weil gerade sehr kleine Kinder zu unruhig dafür sind. Nehmen Sie sich Zeit für Ihr krankes Kind. Verwöhnen Sie es nach Möglichkeit – und lassen Sie ihm Zeit, in Ruhe gesund zu werden. Üben Sie keinen Druck aus.
- Nach einem durchgemachten Fieberschub sollten Sie Ihrem Kind immer mehrere Tage Erholungszeit gönnen.
- Als wichtigstes Getränk empfehle ich Lindenblütentee. Er vereinigt gleich mehrere gewünschte Eigenschaften in sich. Er ist schweißtreibend, das Immunsystem anregend und stabilisierend bei Fieber. Der junge Organismus kann sich besser gegen die Eindringlinge wehren. Einen Teelöffel Tee mit 500 ml kochendem Wasser überbrühen. Nur maximal 2 bis 3 Minuten ziehen lassen (sonst hemmt er die Schweißbildung) und über den Tag verteilt lauwarm trinken lassen, evtl. mit etwas Honig.
- Chemische fiebersenkende Mittel haben keinen positiven Einfluss auf eine Heilung. Im Gegenteil, sie hemmen ein optimales Arbeiten unseres Immunsystems. Allerdings gibt es unkontrollierbare Fieberschübe, die im akuten Notfall nur mit chemischen Mitteln beherrschbar sind.
- Fieber sollte nur gesenkt oder stabilisiert werden, wenn das Kind schläfrig wird und bleibt oder sogar einen verwirrten Eindruck macht.
- Bei allen Zweifelsfällen sollten Sie immer sofort den **Notruf** anrufen.

## Weitere Maßnahmen

- Wadenwickel würde ich durch Essigsöckchen ersetzen, aber bitte nicht in den ersten 6 Lebensmonaten. Man nimmt einen Strumpf des Kindes, tränkt ihn mit lauwarmem Haushaltsessig oder auch Wasser, wringt ihn etwas aus und zieht ihn dem Kind an. Über diesen zieht man dicke Baumwollsocken. Machen Sie im Zeitraum von 60 Minuten insgesamt drei Wickel. Danach sollte eine Pause eingelegt werden. Vorsicht: Die "Söckchen" bitte nicht bei kalten Füßen überziehen.

- Homöopathische Fieber-Zäpfchen können beruhigend, entspannend und leicht fiebersenkend wirken. Sie haben keine Nebenwirkungen. Allerdings sollten Sie daran denken, dass sie bei manchen Kindern manchmal nicht wirken. Ich habe das im Zusammenhang mit Penicillin- oder anderen Antibiotikagaben beobachtet. Bis zu mehreren Wochen nach Einnahme der Antibiotika bleiben homöopathische Zäpfchen manchmal wirkungslos.
- Lauwarme Einläufe mit Kamillentee wirken sehr heilungsfördernd, desinfizierend und leicht fiebersenkend.
- Es gibt sehr viele verschiedene homöopathische Fiebermittel. Lassen Sie sich bei der Auswahl von einem erfahrenen Heilpraktiker oder Arzt beraten.
- Weitere natürliche Heilmittel finden Sie Info-Magazin. ▶ S. 158

**Krampf-
anfälle**

# Reanimation (Wiederbelebung)

## Definition der Herz-Lungen-Wiederbelebung (HLW)

Man versteht darunter die Maßnahmen, bei fehlendem Puls, Atmung und Herzfunktion eines Patienten die natürliche Kreislauf-Funktion wiederherzustellen. Entscheidend ist dabei der Faktor Zeit, weil die mangelnde Sauerstoff-Versorgung schon nach wenigen Minuten bleibende Schäden an Hirn und anderen Organen verursachen kann.

Eine Reanimation im Kindesalter ist etwas äußerst Seltenes, ganz im Gegensatz zu einer steigenden Anzahl bei Erwachsenen.

Der nach meiner Erfahrung gravierendste Unterschied zwischen einer Reanimation bei Erwachsenen und bei Kindern ist der Einfluss, den das Alter des Patienten auf den Helfer ausübt. Es ist für die Helfenden eine unheimliche, kaum zu beschreibende Belastung, ein Kleinkind zu reanimieren. Dazu kommen andere körperliche Belastungen, weil sowohl die Herzfrequenz als auch die Atemfrequenz bei Kleinkindern wesentlich höher sind als bei Erwachsenen. Diese zwei wichtigen Faktoren muss man immer berücksichtigen.

Bei der Reanimation treffen wir auf eine Verknüpfung verschiedener Handlungsabläufe. Zum einen muss zu Beginn, beim Auffinden des leblosen Kindes, mit einem Basis-Check der Bewusstseinszustand überprüft werden. Darauf folgt eine Überprüfung von Atmung und Puls. Sind alle drei Faktoren negativ – ist also kein Lebenszeichen festzustellen – muss unverzüglich mit einer Reanimation begonnen werden. Parallel dazu muss so schnell wie möglich der **Rettungsdienst** alarmiert werden.

## Der Handlungsablauf

- Ansprechen, schütteln und kneifen. Wenn negativ: Bewusstlosigkeit
- Den Mund- und Rachenraum bei unveränderter Lage des Kopfes in-
  spizieren. Befindet sich etwas, zum Beispiel Erbrochenes, im Mund,
  muss man ihn leeren. Legen Sie den Kopf dazu vorsichtig auf die Seite
  und räumen mit einem Papiertaschentuch oder etwas ähnlichem den
  Mund aus.
- Jetzt den Kopf vorsichtig, langsam ein wenig
  nach hinten überstrecken, damit der
  Zungengrundmuskel angehoben wird. Nur in
  dieser Position kann ein bewusstloser Patient
  atmen. Bei Säuglingen bringt man den nach vorn
  gekippten Kopf in eine Ebene mit der
  Wirbelsäule, also in eine neutrale Position oder
  „Schnüffelstellung".
- Der Kopf darf bei Säuglingen bis etwa zum 6.
  Lebensmonat nicht überstreckt werden.
- Atmung überprüfen, mindestens 10 Sekunden
  mit allen Sinnen. Mit seinem eigenen Ohr geht
  man dabei über den Mund des Patienten, mit einer
  Hand hält man den Kopf überstreckt und mit der
  anderen kann man auf dem Bauch und der Brust fühlen, ob sich etwas
  bewegt. Jetzt haben Sie „alle" Ihre Sinne eingesetzt: Hören, Sehen,
  Fühlen und Tasten.
- Im Anschluss daran muss der Puls überprüft werden. Bitte mindestens
  an einer Stelle fünf bis sechs Sekunden lang tasten. Besser wäre es, um
  Fehler auszugleichen, an beiden Körperseiten
  nacheinander zu messen. Hier muss man je nach
  Alter unterschiedlich vorgehen:
  - Bei Kindern von 1 bis 12 Jahren tastet man den
    Puls an der Innenseite des Oberarmes. Man
    nimmt möglichst vier Finger und drückt sie

**Reanima-
tion
(Wieder-
belebung)**

flach auf den Oberarmknochen des Kindes. Bitte lassen Sie sich Zeit und lassen gegebenenfalls wieder etwas lockerer, wenn Sie in der Aufregung zu fest gedrückt haben. Ab dem Kindergartenalter (4. Lebensjahr) kann man den Puls auch am Hals, neben dem Kehlkopf messen.

- Bei Jugendlichen ab dem 12. Lebensjahr misst man den Puls wie bei Erwachsenen am Hals: Man nimmt mindestens zwei bis drei Finger, sucht den Kehlkopf auf und drückt seine Finger parallel dazu in die Tiefe. Vorsicht: Um bei einem sehr niedrigen Blutdruck etwas fühlen zu können, muss man manchmal fest drücken. Bitte gehen Sie dabei vorsichtig und mit viel Gefühl vor.
- Wenn alle Überprüfungen negativ waren, muss jetzt unverzüglich mit einer Basis-Reanimation begonnen werden. Sie dient dazu, das Gehirn des Menschen so lange mit Sauerstoff zu versorgen, bis der Rettungsdienst eintrifft.
- Der **Notruf** muss angerufen werden.

# Vorgehen bei der eigentlichen Reanimation

### Beatmung

- Der Patient muss auf einer harten Unterlage auf dem Rücken liegen.
- Den Kopf leicht nach hinten überstrecken.

- Mund-zu-Mund oder Mund-zu-Nase, bei sehr kleinen Kindern Mund zu Nase und Mund.
- Man muss beachten, dass die Lunge eines Kindes kleiner und empfindlicher ist als bei Erwachsenen. Deswegen bitte ganz vorsichtig und langsam eine kleine Menge der eigenen Ausatemluft in den Körper des Kindes blasen (bei Neugeborenen nur den Inhalt der aufgeblasenen Backe).

● Zu Beginn einer Reanimation immer 2 bis 4 mal beatmen. Es gilt: Je jünger das Kind ist, um so öfter. Im Anschluss daran erfolgt die Herz-Druck-Massage (HDM).

## Herz-Druck-Massage

● Man muss die Herz-Druck-Massage mit einer sehr hohen Frequenz durchführen, damit man die gewünschte effektive Frequenz erreicht, die je nach Alter unterschiedlich ist.
● Es muss senkrecht gedrückt werden. Die Finger dürfen den Brustkorb nicht berühren.

## Herz- und Atemfrequenzen

|  | Säugling | Klein- Kind | Jugendlicher | Erwachsener |
|---|---|---|---|---|
| Alter | 0-6 Monate | bis 9 Jahre | ab 10 Jahren | ab circa 16. LJ. |
| Herzfrequenz | bis 140/ min | bis 100/ min | bis 80/ min | 60 bis 70/ min |
| Atemfrequenz | bis 40/ min | bis 30/ min | bis 25/ min | bis 15/ min |

Nach der erfolgreichen Beatmung erfolgt nun die Herz-Druck-Massage. Dabei muss man auf drei wichtige Punkte achten:

● Den richtigen Druckpunkt
● Die richtige Drucktiefe
● Den richtigen Rhytmus

**Reanima-
tion
(Wieder-
belebung)**

## Der richtige Druckpunkt

- Bei Säuglingen einen Finger breit unterhalb der Linie zwischen den Brustwarzen, mittig auf dem Brustbein, mit zwei Fingern eindrücken.

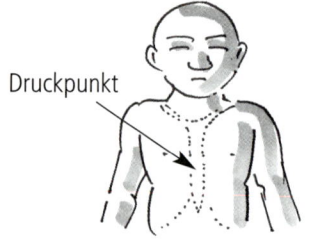
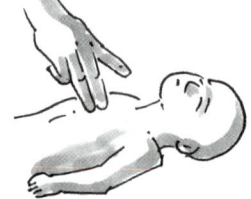

*Baby-Reanimation:*     *Zweifingermethode*     *Daumenmethode*

- Bei Kleinkindern ca. 1 Querfinger breit oberhalb des unteren Brustbein-Endes. Die Handballen einer Hand in die Mitte des Brustbeins (Sternum) legen und einhändig eindrücken.
- Ab ungefähr dem 12. Lebensjahr sucht man den Druckpunkt ähnlich wie bei den Erwachsenen: 2 Querfinger breit oberhalb des unteren Brustbein-Endes. Die Handballen einer Hand in die Mitte des Brustbeins legen und die zweite Hand zur Unterstützung darauf legen und eindrücken.

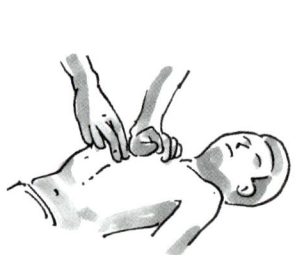
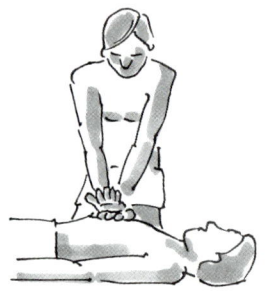
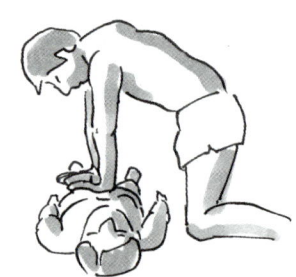

*Kinder-Reanimation*       *Erwachsenen-Reanimation*

## Die richtige Drucktiefe

- Die Drucktiefe bei Kindern beträgt ein Drittel der Brustkorb-Höhe, wenn das Kind auf dem Rücken liegt.
- Bei Erwachsenen beträgt sie ca. 4,5 bis 5 cm oder auch ein Drittel der Brustkorb-Höhe.

## Der richtige Rhythmus

- Um eine möglichst effektive Herz-Druck-Massage zu erreichen, muss man sehr gleichmäßig drücken. Das bedeutet, dass die Eindrückphase genauso lang sein muss wie die Loslassphase. Pausen sollte es nach Möglichkeit dazwischen nicht geben.

**Reanima-tion (Wieder-belebung)**

# Das Zusammenspiel von Beatmung und Herz-Druck-Massage

- Bis zum Schulalter wird immer in einem Rhythmus von 1:5 oder 3:15 reanimiert. Das bedeutet: Einmal beatmen und fünfmal drücken, bzw. dreimal beatmen und fünfzehnmal drücken – egal ob es nur einen oder zwei Helfer gibt.
- Ab dem Schulalter wird immer nach folgendem Rhythmus reanimiert, unabhängig, ob man allein ist oder einen Helfer hat:

| | Rhythmus |
|---|---|
| Beginn immer mit | zweimal Beatmen |
| Frequenz | 2:15 |
| Beatmung | zweimal beatmen |
| Druckmassage | 15 mal drücken |
| | im Wechsel |

## Besonderes

- ca. alle 5 Minuten muss der Puls überprüft werden.
- Eine begonnene Reanimation darf nur von einem Arzt beendet oder abgebrochen werden – es sei denn, der Patient atmet wieder und das Herz hat angefangen zu schlagen.
- Da eine Reanimation sehr anstrengend ist, muss man daran denken, dass es immer möglich ist, die Positionen zu wechseln. Man kann dann ermüdungsfreier arbeiten und erreicht damit eine höhere Qualität. Der Zeitverlust durch den Wechsel der beiden Helfer wird durch die bessere Qualität der anschließenden Reanimation leicht wieder gut gemacht.

**Merke:**
Nach wenigen Minuten ohne Sauerstoff sterben die ersten Gehirnzellen ab. Deshalb ist es so wichtig, dass Sie vor Ort unverzüglich anfangen. Eine sofortige Reanimation erhöht die Überlebens-Wahrscheinlichkeit des Patienten deutlich.

# Stürze, Brüche

Das Wichtigste beim Thema "Stürze, Brüche und Unfälle" ist die Verhütung dieser Ereignisse. Hier kurz ein paar Besonderheiten im Kindesalter.

# Unfallverhütung

### Spielplatz

Häufig kommt es auf Spielplätzen zu kleinen Verletzungen. Meistens werden sie durch banale Unfälle im normalen Gerangel der Kinder ausgelöst. Manchmal passieren Unfälle aber auch durch Unachtsamkeit und Unsicherheit, weil ein Kind nicht gelernt hat, Verantwortung zu tragen. Sicherheit gewinnt ein Kind durch Lernen und dadurch, dass man ihm etwas zutraut. Kinder müssen selbst ausprobieren und Erfahrungen machen. Die Aufgabe der Eltern ist es, den Kindern Hilfestellung zu geben. Zeigen Sie Ihrem Kind, wie man sicher klettert, rutscht und schaukelt. Kinder eifern lieber den Eltern als anderen Kindern nach – wenigstens, solange sie klein sind.

> **Wichtig**
> Kindern etwas zu verbieten, hat häufig zur Folge, dass sie dies mit schlechtem Gewissen heimlich ausprobieren. Dieses schlechte Gewissen hat manchmal eine Unsicherheit zur Folge, die zu Unfällen führen kann.

### Haushalt

Kinder möchten den Eltern nacheifern. Geben Sie Ihrem Kind Gelegenheit, bei den täglichen Arbeiten mitzuhelfen. Dadurch verliert Ihr Tun sehr schnell an Reiz, und Kinder ahmen das eine oder andere nicht mehr nach.

# Allgemeines zum Thema „Stürze und Knochenbrüche"

Die Hauptgefahr bei Stürzen besteht darin, dass sich das Kind etwas brechen kann. Dabei ist besonders der Kopf in großer Gefahr. Brüche sind gerade bei Kindern häufig nur sehr schwer zu erkennen.

**Folgende Symptome sollten Sie sehr ernst nehmen und in einer Klinik abklären lassen:**

- Sichere Zeichen für einen Bruch sind eine Verformung oder Stufenbildung.
- Ein Kind möchte wegen der Schmerzen einen Arm nicht mehr bewegen. Selbst beim Bewegen der Finger hat es Schmerzen.
- Ein Kind möchte nach einem Sturz nicht auf dem schmerzenden Bein stehen. Das Aufstehen bereitet große Schmerzen.
- Sind große Knochen oder wichtige Knochenstrukturen betroffen – wie Oberarm, Brustkorb, Schulter, Wirbelsäule, Kopf, Becken oder Oberschenkel – sollte immer der Rettungsdienst verständigt werden.
- Sie sollten Ihr Kind nur im Falle einer Bewusstlosigkeit nicht selbst bewegen (Seiten- oder Bauchlage). Bei anderen, kleineren Knochenbrüchen kann man das verletzte Kind häufig selbst in die nächste Klinik fahren. In jedem Fall sollten Sie sehr vorsichtig und umsichtig handeln.
- Wenn Ihr Kind nach einem Sturz große Schmerzen im Brustbereich hat, oder wenn es zu Atembeschwerden nach einem Unfall kommt, besteht die Möglichkeit eines Rippenbruchs.
- Manchmal wird ein Kind nach einer Fraktur auch sehr blass, ihm ist schwindelig oder ihm wird übel. Kommt ein plötzliches Erbrechen dazu, muss von einer Kopfverletzung ausgegangen werden.
- Dringt bei einem Knochenbruch ein Teil des Knochens nach außen durch die Haut, sprechen wir von einer offenen Fraktur. Sie muss auf jeden Fall steril abgedeckt und in einer Klinik versorgt werden.
- Um Sicherheit zu erlangen, ob etwas gebrochen ist oder nicht, muss normalerweise immer ein Röntgenbild angefertigt werden.

- Am häufigsten sind zum Glück Quetschungen und Verstauchungen. Diese Verletzungen sind zum Leidwesen der Kinder und Eltern aber oft schmerzhafter als einfache Brüche. Man sollte das Kind in so einem Fall von einem Arzt untersuchen lassen. Je nachdem, wie stark die Schmerzen sind, muss auch hier und da mit Schmerzmitteln geholfen werden.
- Die Akupunktur, Homöopathie, Ostheopathie und Pflanzenheilkunde etc. haben sich in der Heilungsphase sehr gut bewährt.

# Kopfverletzungen

- Kopfverletzungen kommen gerade bei Kindern häufig vor. Im Eifer des Spielens stoßen und fallen Kinder immer wieder auf den Kopf. Normalerweise reagiert ein Kind mit lautem Gebrüll, weil es sich erschreckt hat und der Kopf wehtut. Nach einer kurzen Erholung bei seiner Mutter spielt es dann wieder normal weiter.

- Manchmal allerdings können diese Verletzungen auch schwerwiegender sein, als man im ersten Moment annimmt. Wenn Ihr Kind folgende Symptome zeigt, sollten Sie entweder mit einem Arzt oder mit einer Kinderklinik Kontakt aufnehmen: Notruf anrufen.

**Stürze, Brüche**

**Unfälle allgemein**

## Symptome

- Bewusstlosigkeit nach einem Unfall (auch kurzzeitig)
- Bewusstseins-Störungen, Eintrübungen, das Kind ist „anders" als sonst
- Starke Kopfschmerzen, die gleichbleibend vorhanden sind oder sogar schlimmer werden
- Schwallartiges Erbrechen
- Blutungen aus dem Ohr: Steril abdecken, um eine Infektion zu verhindern

- Blutungen im Gesichtsbereich: Lagerung mit dem Gesicht nach unten oder auf die Seite, damit nach Möglichkeit kein Blut verschluckt wird
- Kopfplatzwunde: Verband, gegebenenfalls Druckverband

Bei Babys ist es schwierig festzustellen, ob eine Verletzung vorliegt, weil keine Verständigung möglich ist. Eine Beurteilung kann nur über den Unfallhergang und „auffälliges" Verhalten erfolgen. Je jünger die Patienten sind, desto eher muss ein Fachmann zu Rate gezogen werden.

Wenn Sie sichergehen wollen, lassen Sie Ihr Kind auf jeden Fall untersuchen – unabhängig vom Alter. Gehen Sie vor allem bei Kopfverletzungen kein Risiko ein. Klären Sie mit dem behandelnden Arzt ab, ob ein Klinik-Aufenthalt nötig ist oder ob Sie den Zustand Ihres Kindes zu Hause überwachen können.

# Gehirnerschütterung

Unter einer Gehirnerschütterung versteht man eine Verletzung im Gehirn, die zu einem leichten Anschwellen des Gehirns führt. Diese Schwellung verursacht die bekannten Symptome: Übelkeit, Erbrechen, Schwindel und Kopfschmerzen.

Für die Genesung ist eine ausreichend lange Bettruhe von entscheidender Bedeutung. Zu frühes Aufstehen und Herumtollen kann die Heilung stark beeinträchtigen und chronische Beschwerden zur Folge haben.

## Maßnahmen

- Kinder mit Kopfverletzungen sollten mit leicht erhöhtem Oberkörper gelagert werden
- Das Kind beruhigen
- Bettruhe für einige Tage

- Kommt es zusätzlich zu Bewusstseins-Störungen, Eintrübungen oder ist das Kind „anders" als sonst, sollten Sie entweder mit einem Arzt oder mit einer Kinderklinik Kontakt aufnehmen: **Notruf** anrufen.
- Natürliche Heilmittel finden Sie im Info-Magazin. ▶ S. 159

**Unfälle (Stürze, Brüche)**

**Unfälle (allgem.)**

# Verbrennungen

Verbrennungen stellen mit die gefährlichsten Notfälle dar. Selbst kleine Verbrennungen, die keine Lebensbedrohung nach sich ziehen, sind eine elementare Bedrohung für den Verletzten, weil er allein schon wegen der Schmerzen zu kollabieren droht.

Eine Behandlung von Verbrennungen schließt immer eine sofortige Kühlung mit Wasser und eine schnelle Gabe von hoch potenten Schmerzmitteln ein.

Die häufigsten Verbrennungs-Unfälle passieren in der Freizeit und mit Kindern – bei Erwachsenen eher aus Leichtsinn, gepaart mit Alkoholgenuss, bei Kindern aus Unwissenheit und Neugierde.

## Verbrennungsgrade

| Verbrennung | |
|---|---|
| 1. Grades: | Rötung, Schmerzen, entspricht in etwa dem Sonnenbrand |
| 2. Grades: | Blasenbildung, Schmerzen und Rötung um die meist blasse Blase |
| 3. Grades: | Schmerzen, vollständiger Gewebeuntergang. Verkohlung. |

## Das Handlungsschema ist bei Verbrennungen einfach:

- Eigenschutz beachten, zum Beispiel nicht in ein brennendes Haus hinein gehen.
- Den Patienten aus dem Gefahrenbereich bringen, evtl. einen kleinen Brand löschen.
- Sofort 5 bis 10 Minuten mit Wasser kühlen, mit gleichzeitigem Notruf.
- Die psychische Betreuung ist sehr wichtig.

- Verbrannte Kleidung entfernen, außer sie ist mit der Haut verklebt. In diesem Fall überlassen Sie diese Arbeit dem Rettungsdienst – oder dem Krankenhauspersonal.
- Den **Notruf** spätestens jetzt anrufen.

Verbrennungen können lebensgefährlich sein. Bei Kindern ist die Körper-Oberfläche im Verhältnis zur Körpergröße gerechnet größer als beim Erwachsenen. Deshalb ist es beim Notruf besonders wichtig zu erfahren, wie umfangreich die Verbrennung ist. Der Leitstellen-Mitarbeiter kann dann leichter entscheiden, ob ein Notarzt-Wagen oder gleich ein Rettungs-Hubschrauber mit einem Intensiv-Mediziner zu Hilfe geschickt werden muss.

Die folgenden Schemata sollen Ihnen dabei helfen, den Umfang der Verbrennung einzuschätzen.

## Prozentuale Angaben bei Verbrennungen: Erwachsener und Kind im Vergleich (Die 9er Regel)

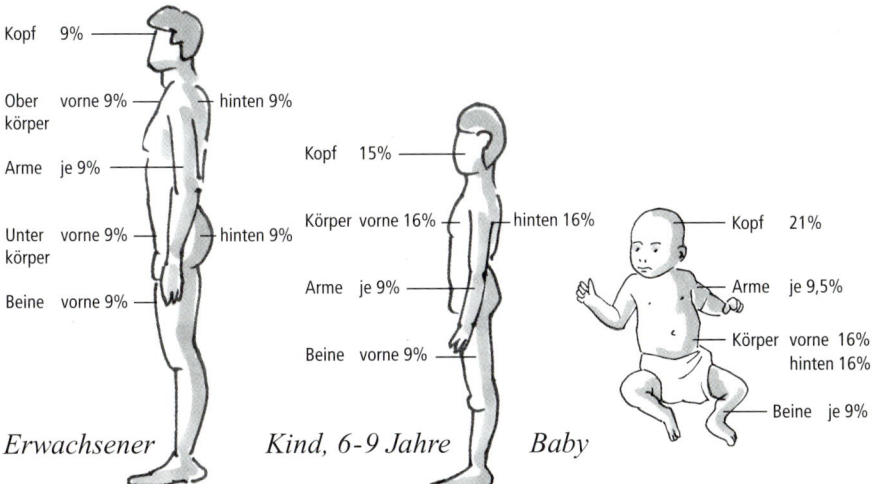

*Erwachsener*          *Kind, 6-9 Jahre*          *Baby*

*Hier sehen Sie, wie viel Prozent der Körper-Oberfläche Verbrennungen an verschiedenen Körperstellen ausmachen.*

Verbrennungen

Man kann die prozentuale Fläche einer Verbrennung auch mit der Handfläche des Patienten angeben. Eine Handfläche entspricht dabei ungefähr einem Prozent (1%) der Körperoberfläche.

## Weitere Maßnahmen

Das Kühlen ist deshalb wichtig, weil es bei Verbrennungen ein so genanntes „Nachbrennen" gibt. Das heißt: Der primäre Schaden, der zum Beispiel durch heißes Wasser verursacht wurde, verschlimmert sich in der Folgezeit, weil die Hitze in die Tiefe zieht. Das verursacht weitere Schäden. So kann aus einer Verbrennung 1. Grades eine Verbrennung 2. Grades mit anschließender Narbenbildung werden.

Bitte denken Sie daran, dass selbst 30° C warmes Wasser von einem Patienten, der sich mit 80° C warmem Wasser verbrüht hat, als eiskalt empfunden wird. Zur Kühlung ist lauwarmes Wasser am besten. Nehmen Sie nur im Ausnahmefall kaltes Wasser. Bei einer sehr intensiven langen Kühlung kann sogar eine Unterkühlung drohen.

Nach der primären Kühlzeit von 5 bis 10 Minuten dient eine weitere Kühlung nur noch der Schmerzlinderung. Die sollte aber schnellstmöglich vom Notarzt mit Schmerzmitteln durchgeführt werden.

Dieses Prinzip des Kühlens und Beruhigens hat sich über viele Jahrzehnte hinweg bewährt. Therapie-Erfolge haben immer wieder die Wirksamkeit der Kühlung bestätigt.

# Verbrennungen „natürlich behandeln"

**Wichtig:**
**Hier geht es jetzt ausschließlich um kleine Verbrennungen**
(etwa bis zur Größe einer Fingerkuppe).

Solche kleinen Verbrennungen – und zwar ersten Grades (Rötung, Schmerz) oder zweiten Grades (Rötung, Schmerzen, Blasenbildung) – können durch „homöopathische" Behandlung, das heißt nach dem Ähnlichkeitsgesetz mit gutem Erfolg behandelt werden.

Dabei wird die verbrannte Hautstelle, statt sie mit kaltem Wasser zu kühlen, kurze Zeit in die Nähe der Hitzequelle gebracht, bis der erneute Schmerz den Brennschmerz überdeckt. Im Anschluss wird die Wunde in Essig gebadet. Die Wundheilung wird dadurch gefördert, und die Schmerzen verschwinden. Bei der Kaltwasser-Anwendung wird der akute Schmerz zwar kurzzeitig betäubt, kehrt aber wieder zurück.

Essig können Sie auch gut bei einem Sonnenbrand ausprobieren. Tränken Sie ein Baumwolltuch mit Essig, und legen Sie es auf die „verbrannte" Haut. Man kann auch ein mit Brennessel-Tinktur getränktes Tuch auf den Sonnenbrand legen. Kinder können nach einer solchen Behandlung die Nacht normalerweise durchschlafen.

Wenn man sich beim Essen den Gaumen verbrennt, kann man sich mit Essig sehr gut Linderung verschaffen. Man sollte zwei bis drei Esslöffel voll in den Mund nehmen und einige Minuten lang spülen. Die Schleimhäute regenerieren in kürzester Zeit, der Geschmack stellt sich wieder ein.

⬦ Weitere natürliche Heilmittel finden Sie im Info-Magazin. ▶ S. 160

**Verbren-
nungen**

# Vergiftungen

Vergiftungen gehören zu den häufigsten Kinder-Notfällen. Da sich Kinder im Gegensatz zu Erwachsenen aus Unwissenheit vergiften, können Anzeichen wie Erbrechen oder plötzliche Müdigkeit auf eine Vergiftung hinweisen.

In der Notfallmedizin werden zwei Typen von Vergiftungen unterschieden: Zum einen eine Vergiftung, bei der man im Moment „Zeit" hat – und zum anderen eine Vergiftung, die in kurzer Zeit lebensbedrohlich wird. In einigen Fällen ist die Unterscheidung für Sie relativ einfach.

In den Fällen, in denen Sie sich unsicher sind, rufen Sie bitte sofort beim **Rettungsdienst** an.

Immer wenn Sie sich sicher sind, dass das Gift nicht in Kürze (ca. 2 Minuten) sofort die volle Wirkung entfalten kann, haben Sie ein wenig Zeit. In diesem Fall fragen Sie am besten zunächst beim **Gift-Notruf** um Rat (zum Beispiel nach Einnahme von Tabletten, Wildpflanzen etc.). Ist die Einnahme schon zwei Stunden her, kann es sein, dass das Kind schon lebensbedrohliche Symptome wie Atemstörungen, Bewusstseins-Veränderungen etc. hat. In diesem Fall müssen Sie natürlich sofort den **Rettungsdienst** alarmieren.

Wenn es sich zum Beispiel um eine Vergiftung mit einem scharfen Putzmittel handelt, müssen Sie sofort den **Rettungsdienst** anrufen. Diese Notfälle sind von großen bis sehr großen Schmerzen und manchmal durch Bewusstseins-Veränderungen gekennzeichnet. So werden Sie eindeutig darauf hingewiesen, dass es sich um eine akute Situation handelt.

Wenn Sie sich nicht sicher sind, um welche Art von Vergiftung es sich handelt, verständigen Sie bitte sofort den **Rettungsdienst.**

**Wichtig:** Beachten Sie immer den Eigenschutz.

# Erbrechen

Heutzutage wird bei fast keinem Notfall mehr ein künstliches Erbrechen ausgelöst, geschweige denn der Magen des Patienten ausgepumpt. Nur ganz selten müssen diese beiden Maßnahmen ergriffen werden. Um sicherzugehen, dass die Maßnahme in Ihrem Fall richtig ist, sollten Sie sich vorher beim **Gift-Notruf** erkundigen.

Wenn die Mitarbeiter des Gift-Notrufes Ihnen raten, sofort ein künstliches Erbrechen auszulösen, gibt es dafür folgende Mittel:

## Erbrechen auslösen

- Mit dem eigenen Finger die Rachen-Hinterwand reizen (Finger in den Mund stecken)
- Hoch konzentrierten Himbeer-Sirup trinken lassen (nur als letzte Möglichkeit)

## Achtung, nicht erbrechen lassen bei:

- Bewusstlosigkeit
- Nach dem Verschlucken von:
  - Säuren oder Laugen
  - Schaumbildnern (Spülmittel etc.)
  - Lösungsmitteln

Sonst droht die Gefahr der Aspiration (Anatmen von Erbrochenem in die Lunge) oder einer erneuten Schädigung der Speiseröhre und des Mundraumes, wenn ätzende Substanzen erbrochen werden.

Vergiftungen

## Nachtrinken oder Verdünnen

Nachtrinken und Verdünnen sollte man vollständig unterlassen – außer wenn man sich in einer sehr einsamen Gegend befindet und sehr lange auf Hilfe warten muss. Für diese Extrem-Situation gelten folgende Hinweise:

- Bei Säuren und Laugen Tee oder Wasser nachtrinken lassen, allerdings nicht zu viel, da es sonst sehr schnell zu einem Erbrechen kommen kann.
- Neutralisations-Versuche sollten nicht unternommen werden.
- Nie verdünnen bei Schaumbildnern (Spülmittel etc.), sondern Entschäumer geben (mindestens 1 Teelöffel zum Entschäumen)

## Giftbindung

Bitte nur nach Rücksprache mit dem **Gift-Notruf.**
- Mit medizinischer Kohle = Aktivkohle bzw. Kohlekompretten.
- Kohle ist nach Empfehlung immer sinnvoll, da es praktisch keine Kontraindikationen gibt.
- Trockenes Brot essen lassen.
- Gifte, Tabletten sowie Erbrochenes unbedingt sicherstellen und dem Rettungsdienst übergeben.

# Waschmittel-, Spülmittel-Vergiftung

Dieser Notfall kommt immer wieder vor. Die Gefahr besteht darin, dass das getrunkene Spülmittel im Magen zu schäumen anfängt. Der Schaum steigt in der Speiseröhre nach oben und wird in die Lunge angeatmet. Im weiteren Verlauf kommt es sehr schnell zu Atembeschwerden, die sich in kurzer Zeit zu einer akuten Atemnot steigern. Am Ende steht eine komplette Verlegung des luftleitenden Systems.

Zu diesem Drama muss es nicht kommen, wenn man sich ein Entschäumungsmittel besorgt und in der Küche deponiert. Entschäumungsmittel werden auch im Rettungsdienst verwendet. Sie sind leicht zu handhaben und praktisch frei von gefährlichen Nebenwirkungen.

## Maßnahmen

- Kein Erbrechen auslösen (Aspirationsgefahr!)
- Kein Verdünnen
- Gabe von einem Teelöffel Entschäumungsmittel (z.B. Lefax®, Saab simplex®), bei Unklarheit über die Menge und das Gewicht des Kindes geben Sie 10 ml oder eine Dosierflasche.
- Gabe von Aktivkohle (evtl. auch trockenes Brot)
- Bei großen Mengen oder im Zweifel rufen Sie bitte den Notruf an.

# Hautkontakt mit reizenden Substanzen

Durch eine kleine Unachtsamkeit kann es passieren, dass Ihr Kind mit scharfen Reinigern, Lösungsmitteln und Ähnlichem in Kontakt kommt. Diese Mittel verursachen auf der Haut Verätzungen oder eine Reizung. Es kommt zu mehr oder weniger starken Schmerzen. Manche sind auch Kontakt-Gifte, die über die Haut aufgenommen werden können.

## Maßnahmen

- Spülen Sie die Hautstelle sofort ausreichend mit Wasser. Wenn das nicht reicht, fahren Sie am besten zu einer ambulanten Versorgung in die nächste Klinik.
- Bei großflächigem Kontakt mit „scharfen" Mitteln verständigen Sie den **Rettungsdienst.**

Vergiftungen

# Vergiftung durch Gase

# 1) Kohlenmonoxid (CO)

Kohlenmonoxid-Vergiftungen sind heutzutage zum Glück sehr selten. Beachten Sie aber bitte, dass sich dieses Gas viel leichter an die sauerstofftransportierenden Teilchen im Blut anlagert als der Sauerstoff selbst – gerade in einer Notfallsituation wie „Automotor läuft längere Zeit in der geschlossenen Garage".

Bitte gehen Sie sehr vorsichtig an die Situation heran. Öffnen Sie vorsichtig alle Türen weit, um eine Luftzirkulation in Gang zu bringen. Erst wenn sich die Außenluft genügend mit der abgasgeschwängerten Luft in der Garage gemischt hat, sollten Sie sie betreten.

### Vorkommen und Eigenschaft von CO
- Entstehung bei unvollständigen Verbrennungsprozessen (Ofen, Autoabgase)
- Geruchlos und hochexplosiv

### Symptome
- Rosige, gesunde Gesichtsfarbe
- Meistens sind die Patienten bewusstlos

### Maßnahmen
- Eigenschutz beachten, Gas durch Lüften „vertreiben", keine Funkenbildung begünstigen
- Kind aus dem Gefahrenbereich retten
- Beengende Kleidung öffnen
- **Notruf** anrufen
- Atmung überprüfen, gegebenenfalls beatmen
- Puls überprüfen, gegebenenfalls **reanimieren**

# 2) Kohlendioxid (CO2)

Unfälle mit dem Gas Kohlendioxid kommen heutzutage immer seltener vor. In ländlicher Umgebung mit sehr intensiver Landwirtschaft und Silo-Benutzung besteht nach wie vor eine Gefahr.

Die gefährliche Eigenschaft des Gases ist sein spezifisches Gewicht: Es ist schwerer als Luft. Deshalb bildet das Gas einen „See" an tief gelegenen Stellen. Hierfür sind Silos natürlich optimal. Kinder sind in Gefahr, weil sie durch ihre Größe unter Umständen in diesem See stehen und plötzlich nur noch CO2 einatmen und sehr schnell bewusstlos werden können.

### Allgemeines
- Entstehung in Weinkellern und Silos (Gärungsprozesse)
- Schwerer als Luft
- Häufig als Folge eines Unfalls oder Selbstmord-Versuchs

### Symptome
- Blaufärbung (Zyanose) durch Sauerstoffmangel
- Bewusstseins-Störung oder Bewusstlosigkeit
- Atembeschwerden, sehr schnell eine Atemnot
- Im Weiteren kommt es zu einem Herz-Kreislauf-Versagen

### Maßnahmen
- Eigenschutz immer zuerst bedenken, sich selbst nicht unbedacht in Gefahr bringen
- Das Kind aus dem Gefahrenbereich retten
- **Notruf** anrufen
- Atmung und Puls überprüfen
- Gegebenenfalls bei einer Bewusstlosigkeit in die Seitenlage (ab dem 4. Lebensjahr) oder Bauchlage (bis zum 4. Lebensjahr) überführen
- Gegebenenfalls **reanimieren**

Vergif-
tungen

# Wunden (starke Blutung)

Die beste Selbstreinigung für eine Wunde ist das austretende Blut. Vor allem kleine Wunden sollten wenigstens ein wenig bluten, um eingedrungenen Schmutz und Erreger auszuschwemmen.

Das bei Kindern so sehr beliebte Pflaster hat leider viele Nachteile. Es verschließt die Wunde unter Umständen vollkommen, sodass keine Luft mehr an die Wunde kommt. Das führt dann zu einem brutkastenähnlichen Effekt. Unter dem Pflaster entsteht ein Milieu mit annähernd 37° C und sehr hoher Feuchtigkeit, die Wunde nässt. Dieses Klima führt zu einer Vermehrung von Bakterien. Wunden heilen dadurch erfahrungsgemäß langsamer, und es kommt häufiger zu kleinen Entzündungen.

Um eine Wunde optimal ausheilen zu lassen, sollte man, wenn möglich, auf Pflaster ganz verzichten, oder sehr einfache, billige Pflaster verwenden, unter denen Luft zirkulieren kann, damit die Wunde trocknet. In diesem Fall bildet sich Schorf, der die Aufgabe hat, die Wunde zu verschließen.

Größere Wunden müssen innerhalb von 6 Std. genäht bzw. versorgt werden.

**Wunden sind Eintrittspforten für Erreger. Die Erreger können zum Beispiel folgende Infektionen auslösen:**

- Tetanus, vor allem bei Stichverletzungen und Wunden unter Luftabschluss.
- „Blutvergiftung", eigentlich eine Entzündung der Lymphbahnen, ist an einem geröteten Streifen von der Wunde zur Körpermitte zu erkennen.
- Tollwut-Gefahr besteht nach Biss oder Berührung eines verdächtigen Tieres.

Bei Verdacht auf eine dieser Infektionen, suchen Sie bitte sofort einen Arzt auf.

S. 161 ◀ ◊ Natürliche Heilmittel finden Sie in der Tabelle im Info-Magazin.

# Stark blutende Wunden

Dieser Notfall kommt zum Glück selten vor. Oft handelt es sich um Küchen-unfälle. Ein Kind bekommt ein scharfes Messer zufällig in die Hand, kann die Gefährlichkeit nicht einschätzen – und schon ist ein Unfall passiert. Am einfachsten können Sie diesen Notfall vermeiden, indem Sie gefährliche Geräte und Instrumente so unterbringen, dass es Ihrem Kind nicht möglich ist, an sie heranzukommen.

Unfallverhütung ist hier das zentrale Thema: Kinder lernen durch Nachah-mung. Selbst gute, ausführliche Erklärungen reichen häufig nicht aus, Kin-der von der Gefährlichkeit mancher Gegenstände zu überzeugen. Üben Sie den Gebrauch von einfachen ungefährlichen Messern mit Ihrem Kind und zeigen Sie ihm den Unterschied zu scharfen.

## Maßnahmen im Notfall

- Kind hinlegen oder hinsetzen und blutende Extremitäten hochhalten
- Bei hellroten oder pulsierenden Blutungen sofort mit der eigenen Hand auf die Blutung drücken (wenn es irgendwie geht, mit einem Schutz-handschuh aus Latex) und sobald wie möglich einen Druckverband anlegen. Führt der nicht zum Erfolg, muss vorübergehend abgedrückt werden. Natürlich muss das Kind in eine **Klinik** gefahren werden – oder Sie verständigen den **Rettungsdienst.**
- Der Druckverband wird so angelegt, dass die Blutung zum Stoppen kommt, aber nicht abgebunden wird (zum Beispiel mit einer Dreieck-tuchkrawatte oder mit einem Verbandspäckchen).

### Druckverband

Auf die Wunde wird eine sterile Kompresse gelegt.

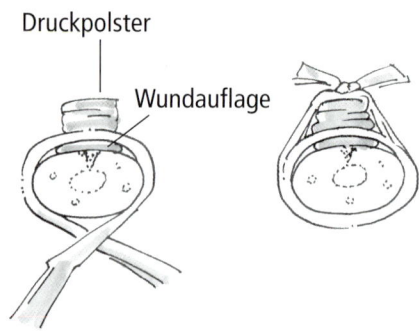

Druckpolster

Wundauflage

- Aus dem Dreiecktuch wird eine Krawatte gefaltet.
- Auf Höhe der Wunde kommt ein Druck-Polster, zum Beispiel ein eingepacktes Verbands-Päckchen.
- Die Krawatte wird über das Druckpolster gelegt und verknotet.

Wichtig: Wenn der Arm oder das Bein nach einem Druckverband blau werden, muss die Stauung etwas gelöst werden.

# Amputat-Verletzungen

Unter einem Amputat versteht man ein abgetrenntes Körperteil. Das ist ein zum Glück im Kindesalter sehr seltener Notfall. Das Verhalten im Notfall ist einfach – allerdings ist die psychische Belastung für den Patienten und die Helfer extrem groß.

### Maßnahmen

- Ruhe bewahren. Sich selbst und den Patienten beruhigen.
- Patienten evtl. hinlegen.
- Druckverband auf der Wunde anlegen.
- **Notruf** anrufen.
- Das Amputat steril und trocken einpacken und gekühlt (nicht gefroren) dem Rettungsdienst-Personal übergeben.

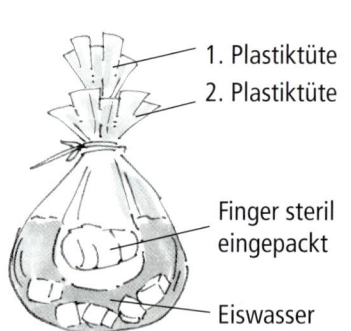

1. Plastiktüte
2. Plastiktüte

Finger steril eingepackt

Eiswasser

◊ Natürliche Heilmittel finden Sie im Info-Magazin.  ▶ S. 155

# Pfählungsverletzung /Fremdkörper

Durch Unfälle und Spiele kann es vorkommen, dass sich ein Kind durch einen spitzen Gegenstand verletzt, zum Beispiel durch einen Pfeil beim Indianerspielen. Den Fremdkörper muss man immer in der Wunde belassen. Ihn herauszuziehen würde bedeuten, dass es innerhalb der Wunde zu starken Blutungen kommen kann. Solange der Pfeil stecken bleibt, verliert das Kind meistens kaum Blut.

## Maßnahmen

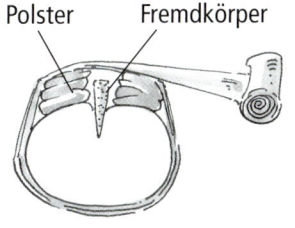

Polster     Fremdkörper

● Patienten beruhigen.
● Fremdkörper in der Wunde lassen, evtl. umpolstern. Er wird nur von einem Arzt entfernt.
● **Notruf** anrufen.
◊ Natürliche Heilmittel finden Sie im Info-Magazin.  ▶ S. 161

Wunden
(starke
Blutung)

# Quetschungen und kleine Wunden

## Quetschungen von weichem Gewebe, zum Beispiel Muskeln

Das sind sehr schmerzhafte Verletzungen, die Sie zur Sicherheit von einem Arzt untersuchen lassen sollten. Es besteht immer ein kleines Risiko, dass ein evtl. auftretender Bluterguss zu einer Schädigung des Muskels führen kann.

S. 161 ◀ ◊ Natürliche Heilmittel finden Sie im Info-Magazin.

# Offene Wunden, zum Beispiel Schürf- oder Risswunden, kleine Stichverletzungen

In der Regel müssen diese Wunden nur gesäubert werden. An der frischen Luft trocknen und heilen sie im Normalfall am besten. Bei kleinen Kindern besteht aber immer die Gefahr, dass sie durch Unwissenheit und Unachtsamkeit Schmutz in die Wunde bekommen. In diesem Fall empfiehlt es sich, die Wunde steril abzudecken.

S. 161 ◀ ◊ Natürliche Heilmittel finden Sie im Info-Magazin.

# 4

# Was Sie bei weiteren Erkrankungen, Verletzungen und Unfällen tun können

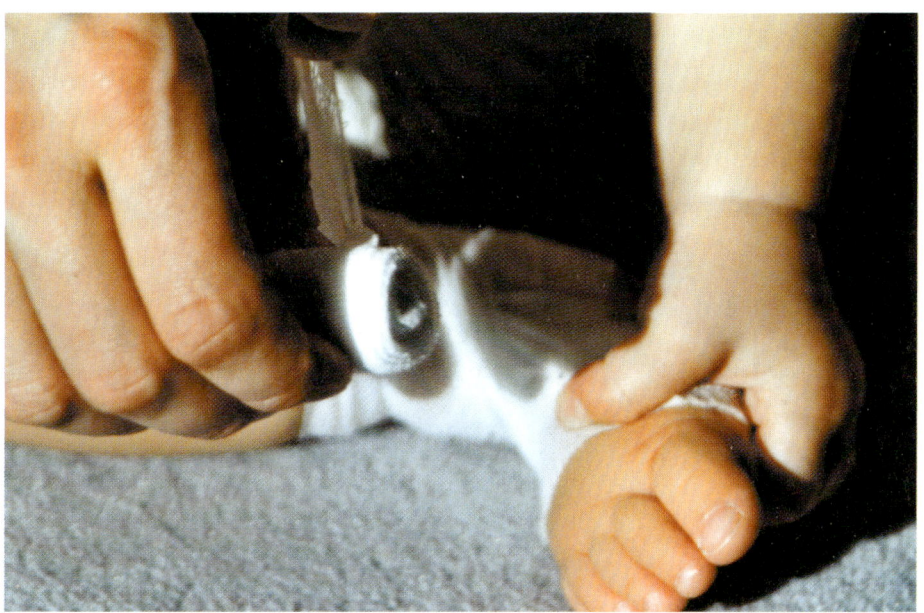

## In diesem Kapitel erfahren Sie, ...

- welche Krankheits-Fälle
  schnell zum Notfall werden können
- wie Sie sich auf solche Situationen
  vorbereiten können
- wie Sie mit diesen Situationen
  am besten fertig werden

# Weitere Erkrankungen

In diesem Kapitel geht es um weitere Erkrankungen, die zu einem Notfall werden können. Dazu brauchen Sie Hintergrund-Informationen, um bei bestimmten Erkrankungen schon erste Schritte einleiten zu können, bevor es überhaupt zu einem Notfall kommt.

Außerdem gibt es auch Erkrankungen, die unter Umständen wie ein Notfall aussehen, aber keiner sind. Das ist für Laien oft schwer zu erkennen. Deshalb gehen Sie grundsätzlich lieber auf „Nummer Sicher" – nach der Devise: Lieber einmal zu oft einen Arzt oder den Rettungsdienst alarmieren als einmal zu spät.

Niemand kann und darf von Ihnen verlangen, dass sie eine akute Situation von der Gefährlichkeit her immer richtig einschätzen können. Wenn Sie den Rettungsdienst rufen, ohne dass es notwendig gewesen wäre, kommen auf Sie keine Schadensersatzansprüche zu. Außerdem ist es im Nachhinein immer leichter, eine Situation zu beurteilen, als in der Situation selbst.

Versuchen Sie im Zweifelsfall zuerst einmal, einen Arzt oder Heilpraktiker zu erreichen. Sagen Sie sofort, dass Sie sich nicht sicher sind, was zu tun ist. Der Arzt wird Ihnen auf jeden Fall mit Rat und Tat zur Seite stehen.

Wenn Sie keinen Arzt erreichen können, haben Sie immer noch die Möglichkeit, die Rettungsleitstelle anzurufen. Der Leitstellen-Mitarbeiter wird Ihnen ein paar Fragen stellen, um herauszubekommen, wie ernst die Angelegenheit ist, und Ihnen raten, wie Sie am besten weiter vorgehen sollen.

Die folgenden Erkrankungen sind meiner Erfahrung nach die wichtigsten. Falls Ihnen etwas Wichtiges fehlt, freue ich mich sehr, wenn Sie mir das kurz mitteilen.

# Wichtige Vitalwerte

## Einteilung nach Altersgruppen

| | Atem-frequenz/min | Puls-frequenz/min | Lagerung bei Bewusstlosigkeit | Herz-Lungen-Wiederbelebung (HLW) | HLW Druckpunkt | Überstrecken der Atemwege | Puls-messung |
|---|---|---|---|---|---|---|---|
| **Neugeborene bis 6 Wochen** | 40-50 | 130 | Bauchlage bis zum 4. Lebensjahr | Rhythmus 1:5 oder 3:15 | Mit zwei Fingern 1 Finger unterhalb der Brustwarzenlinie | „Schnüffel-stellung" | Fonta-nelle |
| **Säugling bis 1 Jahr** | 30-40 | 120 | | | | Kopf überstrecken | |
| **Kleinkind 2-5 Jahre** | 20-30 | 110 | | | | | Ober-arm-schlag-ader |
| **Schulkind 6-13 Jahre** | | 100 | Seitenlage ab dem 4. Lebensjahr | Rhythmus 2:15 | Mit einer Hand | | |
| **Jugendliche ab 14 Jahre** | 16-20 | 80 | | | Mit 2 Händen, 2Finger über dem Brustbein-ende | | Hals-schlag-ader |
| **Erwachsene ab 18 Jahre** | 14-18 | 70 | | Rhythmus 2:15 | | | |

**Hinweis:**

Alle Werte sind relativ, weil sie immer in Abhängigkeit von Entwicklung und Körpergröße stehen. Das Herz schlägt um so schneller, je jünger ein Mensch ist. Je jünger man ist, desto häufiger atmet man in der Minute.

**Begriffs-Erklärungen:** siehe nächste Seite

## Begriffs-Erklärungen:

- **Schnüffelstellung:** Bei Neugeborenen und Säuglingen wird der Kopf nicht nach hinten überstreckt, sondern nur in der Verlängerung der Wirbelsäule waagerecht gekippt.
- **Fontanelle:** Bei Säuglingen im ersten Lebensjahr gibt es oben am Kopf (hinter der Stirn) ein „offenes" Dreieck, das sich meist erst im 2. Lebensjahr schließt. An dieser Stelle können Sie den Puls sehen und auch leicht tasten.
- **HLW:** Herz-Lungen-Wiederbelebung

# Allergie, Anaphylaxie

Unter einer **Allergie** versteht man eine Störung des Körpers, mit bestimmten Substanzen (meistens Eiweiße) umzugehen. Allergien haben etwas mit einem schlecht funktionierenden Immunsystem zu tun. Das System hat nämlich die Aufgabe, eingedrungene Erreger oder Fremdstoffe unschädlich zu machen. Dabei kann es vorkommen, dass sich die Immun-Abwehr auch gegen körpereigene und natürlich vorkommende, eigentlich harmlose Stoffe oder Organismen (wie zum Beispiel Pollen) richtet. In diesen Fällen kommt es zu einem unnatürlichen Immunablauf im Körper, der sich gegen den eigenen Organismus wendet.

Unter einer **Anaphylaxie** hingegen versteht man ein schweres Krankheitsbild, das einer zugrundeliegenden Allergie folgen kann. Es kommt zu einem vollständigen Entgleisen der wichtigen körpereigenen Abwehr-Mechanismen. Es führt zu überschießenden Reaktionen, wie zum Beispiel einer Schwellung in den Atemwegen. Dieses sehr schnell massiv bedrohlich werdende Geschehen ist notfallmedizinisch mit Cortison gut zu therapieren. In jedem Fall muss der **Notruf** angerufen werden.

Falls Ihr Kind eine bekannte Allergie hat oder schon einmal eine Anaphylaxie durchgemacht hat, bekommen Sie in der Regel vom behandelnden Arzt Cortison-Zäpfchen für zu Hause verschrieben. Bitte wenden Sie diese wichtigen Medikamente genau nach der Verordnung des Arztes an.

Geben Sie nicht auf, falls Ihr Kind eine Allergie hat. Oft sind viele Testreihen nötig, um genau festzustellen, worauf Ihr Kind allergisch reagiert. Erkundigen Sie sich weiter. Eine Behandlung kann sehr schnell erfolgreich sein oder aber auch länger dauern. Das Wichtigste ist, dass Sie sich umfassend informieren und beraten lassen – so lange, bis Ihr Kind wirklich gesund ist.

Behandlungsmöglichkeiten für den Notfall müssen individuell mit dem behandelnden Arzt oder Heilpraktiker besprochen werden. Pauschale, allgemeingültige Empfehlungen sind leider nicht möglich.

## Mögliche Ursachen für Allergien

- Jede Form von körperfremdem Eiweiß, zum Beispiel durch den Stich einer Biene oder Wespe
- Medikamente aller Art
- Nahrungsmittel
- Blütenpollen
- etc.

## Symptome bei Allergien

- Juckreiz
- Ausschlag, meistens großflächige rötliche Stellen oder kleine rote Punkte, beginnend am Hals und am oberen Brustbereich (Décolleté)
- Schwellungen am ganzen Körper, u. a. im Halsbereich
- Angst
- Unruhe
- Atembeschwerden bis hin zur Atemnot

## Maßnahmen gegen Allergien

- Für Ruhe sorgen
- Antiallergische Creme auf die betroffene Stelle schmieren
- Die Atmung des Kindes aufmerksam beobachten. Schon bei der geringsten Veränderung sollten Sie den Rettungsdienst verständigen
- Für Frischluft sorgen, Fenster auf, beengende Kleidung öffnen
- Wenn es zu Atembeschwerden kommt, sofort den Notruf anrufen
- Bei Atemnot oder im weiteren Verlauf bei Atemstillstand umgehend beatmen

S. 154 ◀ Natürliche Heilmittel finden im Info-Magazin.

# Augen-Verletzungen

## Verätzung der Augen

Aus Unwissenheit und Neugier probieren Kinder alles Mögliche aus. So können zum Beispiel Reinigungsmittel durch eine Unachtsamkeit ins Auge gelangen. In diesem Fall zählt jede Sekunde, wenn Sie die Sehstärke des Auges erhalten wollen.

Spülen Sie das betroffene Auge sofort 5 bis 10 Minuten lang kräftig mit warmem Wasser. Bedenken Sie, dass sich Ihr Kind wehren wird. Es hat Schmerzen und panische Angst – und soll jetzt auch noch seine Augen öffnen, damit Sie ihm Wasser hineinlaufen lassen. Das ist für ein kleines Kind ziemlich viel verlangt. Aber jetzt dürfen Sie nicht zimperlich sein. Am besten setzen Sie Ihr Kind einfach unter die Dusche und spülen dann das betroffene Auge ausgiebig.

Sie haben wenig Zeit. Je schneller Sie spülen, desto weniger Schaden wird am Auge entstehen.

Im Anschluss an diese feuchte Prozedur bringen Sie Ihr Kind bitte zum nächsten Augenarzt, damit er das Auge untersucht, einen möglichen Schaden begutachtet und das weitere Vorgehen festlegen kann.

## Fremdkörper im Auge

Normalerweise können Fremdkörper – wie zum Beispiel Insekten – mit dem Zipfel eines Taschentuchs entfernt werden. In das Auge eingedrungene Fremdkörper – wie zum Beispiel Holzsplitter – sollten nur von einem Augenarzt entfernt werden. Der kennt die beste Methode zum Entfernen, er hat die Erfahrung und die geeigneten Instrumente.

## Wichtig für den Transport:

- Beruhigen Sie das Kind
- Verbinden Sie beide Augen

Wenn man nur das verletzte Auge verbindet, bewegt sich das gesunde weiter. Reflektorisch bewegt sich aber das verbundene oder kranke Auge immer mit. Durch Bewegung entsteht Reibung. Dabei können die Schmerzen stark zunehmen, oder es kann sogar ein Folgeschaden entstehen.

# Durchfall, Erbrechen

Diese beiden Symptome kommen bei sehr vielen Erkrankungen als Begleiterscheinung vor. Im Normalfall dienen sie der Reinigung des Organismus, um schädliche Substanzen – wie zum Beispiel Gifte (Toxine) – schnell auszuscheiden, bevor sie zu einer ernsthaften Gefahr werden.

**Durchfall
Erbrechen**

Eine Alltagserscheinung ist zum Beispiel ein plötzlich auftretender Durchfall am Abend. Am nächsten Morgen ist der Spuk vorbei. Das kommt gerade bei kleineren Kindern häufiger vor.

Aufpassen müssen Sie, wenn ein Durchfall oder ein Erbrechen in Begleitung einer Erkrankung auftritt. In diesem Fall dient der Prozess primär ebenfalls der Ausscheidung unerwünschter Produkte oder Keime. Allerdings wird der Körper auch geschwächt. Dadurch kann sich der positive Effekt umkehren und schnell sehr negative Auswirkungen haben.

Zum einen sollten Sie darauf achten, dass ein Durchfall oder Erbrechen den Körper Ihres Kindes nicht zusätzlich schwächt, geschweige denn sogar zu einem Austrocknen (einer Exsikose) führt. Dann kann es nämlich zu einem Exsikose-Fieber kommen, das schnell bedrohlich werden kann.Zum anderen verliert der Körper sehr viele Salze (Elektrolyte). Das kann eine ganze Reihe von Beschwerden, wie Krämpfe oder Benommenheit etc. verursachen.

## Worauf Sie bei Durchfall oder Erbrechen achten sollten:

- Durchfall oder Erbrechen, die nur einmal oder nur einen Tag lang auftreten, haben in der Regel „nur" den positiven Effekt der Reinigung.
- Durchfall oder Erbrechen, die länger andauern, können – gerade im Zusammenhang mit einer anderen Erkrankung – zu einem Austrocknen führen. Bitte suchen Sie rechtzeitig einen Arzt auf.

- Durchfall oder Erbrechen medikamentös zu unterbrechen, hat den Nachteil, dass man den Körper daran hindert, Gifte loszuwerden. Trotzdem ist es hin und wieder ratsam einzuschreiten, bevor es zu ernsthaften Komplikationen kommt. Überlassen Sie die Einschätzung der Gefährlichkeit und das weitere Vorgehen Ihrem Arzt.

- In Verbindung mit anderen Erkrankungen können Durchfall oder Erbrechen schnell zu einer dramatischen Verschlechterung führen.

- Feste Nahrung ist für ein krankes Kind nicht sehr wichtig. Es kann ohne Probleme ein paar Tage ohne sie auskommen. Im Gegenteil, die Verdauung benötigt sehr viel Energie, die besser gegen die Erkrankung verwendet werden sollte.

- Wenn Ihr Kind am Ende der Erkrankung stärkeren Hunger hat, fangen Sie bitte wieder langsam an, ihm feste Nahrung zu geben. Geben Sie ihm erst einmal Zwieback und Knäckebrot.

- Milchprodukte sind hier weniger gut geeignet und sollten nur sehr sparsam gegeben werden.

- Bieten Sie Ihrem Kind genügend zu trinken an. Am besten sind Wasser, Tee oder stark verdünnte Fruchtsäfte. Verschiedene Tees, leicht mit Honig gesüßt, unterstützen auf sehr sanfte Weise den Heilungsprozess und die Ausscheidung giftiger Substanzen. Bei sehr viel Flüssigkeitsverlust sollten sie sich elektrolythaltige Getränke aus der Apotheke holen.

- Je jünger die Kinder sind, desto eher muss an eine klinische Behandlung gedacht werden. Bei Babys ist es manchmal sehr schwierig, genügend Flüssigkeit zuzuführen. Geben Sie ihm, wenn möglich, in kurzen Abständen immer wieder ein bisschen. Halten sie kurze Abstände beim Stillen ein.

- Sofern Sie die Substanzen kennen, die das Erbrechen oder den Durchfall ausgelöst haben, sollten Sie sie weglassen. Zum Beispiel kommt es nach einer hochdosierten Antibiotika-Gabe manchmal zu Brechdurchfällen. Klären Sie aber bitte immer erst mit Ihrem Arzt ab, ob das Medikament abgesetzt werden soll.

- Denken Sie bei Unklarheiten immer rechtzeitig daran, einen Arzt zu Rate zu ziehen.

# Elektrounfälle

Heutzutage sind Strom-Unfälle mit schweren Verletzungen zum Glück sehr selten geworden. Der Haushaltsstrom hat nur 220 V und kann eigentlich nur kleinen Kindern und älteren, schwachen Menschen wirklich gefährlich werden.

Der erste Schritt zur Verhütung schwerer Verletzungen ist, alle Steckdosen mit einer Kindersicherung auszustatten. Sie schützen zuverlässig vor einem Stromschlag.

Reden Sie mit Ihrem Kind, wenn es fragt, und klären Sie es über die Gefährlichkeit von elektrischem Strom auf.

**Elektro-unfälle**

## Wichtig:

- Denken Sie bei Stromunfällen an Ihren eigenen Schutz. Sie können Ihrem Kind nur helfen, wenn Sie selbst keinen Stromschlag bekommen
- Schalten Sie sofort alle Sicherungen im Haus ab. Dann können Sie sich Ihrem Kind gefahrlos nähern.
- Bei Unfällen mit Starkstrom (380 V), den man in der Landwirtschaft oder im Handwerk häufig findet, müssen Sie auf jeden Fall einen möglichst großen Sicherheitsabstand einhalten. Bei Hochspannungs-Leitungen (über 10.000 V) sollten Sie mindestens 15 bis 20 Meter Abstand halten.
- Fast immer hinterlässt ein Stromschlag Verbrennungen an der Eintritts- oder Austrittsstelle. Die müssen mitbehandelt werden.
- Ein Stromschlag kann zum einen schwere Verbrennungen setzen, zum anderen kann es zu lebensbedrohlichen Herzrhythmus-Störungen kommen. Gerade bei älteren Menschen und sehr kleinen Kindern können diese Rhythmus-Störungen zu einem Ausfall der Herzfunktion führen.

- Ist Ihr Kind bewusstlos, können Sie die Verbrennungen ignorieren, wenn die Eintritt- und Austrittsstelle des Stromes kleiner als eine Handfläche des Kindes ist. Behandelt werden muss das Kind in jedem Fall.

## Maßnahmen

- Eigenschutz beachten. Nähern Sie sich dem Kind erst, wenn Sie ganz sicher wissen, dass jede mögliche Stromquelle abgeschaltet ist.
- Sofort Atmung und Puls überprüfen
- Sofort den **Notruf** anrufen
- Wenn keine Lebenszeichen da sind, sofort beatmen oder eine Herz-Druck-Massage durchführen, **Reanimation**.

S. 32 ◀

# Ertrinkungsunfälle

Bei Kindern von 5 bis 14 Jahren ist das Ertrinken die zweithäufigste To-
desursache. Gerade Gartenteiche, die mit Folien ausgelegt sind, stellen für
Kinder eine lebensbedrohliche Gefahr dar. Kleine Kinder, die in so einen
Teich fallen, versuchen in den Vierfüßlerstand zu kommen und dann auf-
zustehen. Dabei rutschen sie mit den Füßen weg und können sich deshalb
nicht aufrichten. Sie ertrinken, obwohl der Teich nicht tief ist.

Ertrinkungs-
unfälle

Außerdem verfallen Kleinkinder in eine Bewegungslosigkeit, wenn so etwas passiert. Beobachtet wurde das bei Badeunfällen im seichten Wasser.
Ein Kind, das in ca. 30 cm tiefes Wasser fällt, bleibt einfach mit dem Gesicht nach unten liegen.

**Fazit: Lassen Sie Ihr Kind nie unbeobachtet baden.**

Gerade Jugendliche unterschätzen häufig die Gefahren, die das Baden mit
sich bringt. Ein übermäßiger Profilierungsdrang und der Wunsch, für das
andere Geschlecht interessant zu sein, führen dazu, dass sie etwas „bewei-
sen" und besonders Tolles vollbringen möchten. Das sind wohl häufig die
Gründe, warum Jugendliche aus großer Höhe in ein unbekanntes Gewässer
springen oder eine große Strecke schwimmend zurücklegen wollen, ohne
an die Gefahren zu denken.

Die dabei entstehenden Risiko-Situationen sind sehr unglückliche Notfälle und können kaum aktiv verhindert werden. Welches pubertierende Kind
möchte, wenn es mit seiner Clique zum Baden geht, seine Eltern dabei haben? Die einzige wirkungsvolle Vorbeugung ist eine Erziehung, die darauf
hinzielt, dem Kind genug Selbstvertrauen und Verantwortungs-Bewusst-
sein mitzugeben, damit es solche „Mut-Beweise" nicht erbringen muss, um
sich „gut" und anerkannt zu fühlen.

## Was Sie bei der Rettung Ertrinkender beachten sollten

Bitte unterschätzen Sie diese Gefahr nicht. Ein Mensch, der zu ertrinken droht, kämpft um sein Leben und entwickelt Bärenkräfte. Dadurch ist er oft stärker als der Helfer selbst. Die Ertrinkenden klammern sich an allem fest, was sie zu fassen bekommen.

## Ertrinkende zu retten, kann lebensgefährlich sein.

Wenn möglich, versuchen Sie, das Opfer mit Hilfsmitteln wie einem Rettungsring, einer Luftmatratze, einem Surfbrett oder dergleichen zu retten.

Wenn das nicht möglich ist, sollten Sie versuchen, den Betroffenen anzusprechen, um abzuklären, inwieweit er schon panisch geworden ist. Ein Kind, mit dem man nicht mehr normal reden kann, befindet sich in dieser speziellen Situation immer in Panik und kann nicht mehr zu Ruhe und Besonnenheit aufgefordert werden.

Schützen Sie sich, indem Sie nun nur helfen, wenn das Kind entweder wesentlich leichter und kleiner ist als Sie (zum Beispiel ein Kleinkind), oder wenn Sie eine Ausbildung als Rettungsschwimmer oder bei der Wasserwacht gemacht haben und wissen, wie Sie helfen können. Schon jugendliche Ertrinkende können Kräfte entwickeln, die den Retter in Lebensgefahr bringen.

Ein zu „starkes" Opfer sollten Sie zu Ihrer eigenen Sicherheit so lange allein lassen, bis es ruhiger wird. Jetzt müssen Sie natürlich sehr schnell den Kopf des Patienten über Wasser ziehen, um ihm eine Eigenatmung zu ermöglichen. Sie müssen zwar helfen, aber niemand kann Sie zwingen, Ihre eigene Sicherheit und Gesundheit aufs Spiel zu setzen. Denn das nützt auch dem Ertrinkenden nichts.

## Maßnahmen

- Retten durch Anschwimmen von hinten
- **Achtung:** Umklammerung möglich
- Das Kind ans Ufer bringen
- Sofort überprüfen, ob der Patient reanimiert werden muss:
  - Ansprechen, schütteln und Schmerzreiz setzen (kneifen)
  - Mund- und Rachenraum überprüfen
  - Atmung überprüfen, den Kopf leicht nach hinten überstrecken (bis zum 6. Lebensmonat nur waagerecht zur Wirbelsäule) und mit all Ihren Sinnen mindestens 10 Sekunden lang überprüfen.
  - Puls überprüfen, bis zum 12. Lebensjahr an der Oberarm-Arterie, ab dem 12. Lebensjahr an der Halsschlagader, ca. 5 bis 6 Sekunden lang.
- Bei Bewusstlosigkeit mit bestehender Atmung und Puls folgt jetzt die stabile Seitenlage (ab dem 4. Lebensjahr) oder die Bauchlage (bis zum 4. Lebensjahr).
- Keine Versuche, die Lunge vom Wasser zu befreien. Der positive Effekt kehrt sich in diesem Fall leider zu häufig ins Negative. Denn beim Beinahe-Ertrinken im Süßwasser wird das eingedrungene Wasser schnell in die Blutbahn resorbiert und über die Nieren ausgeschieden. Das kommt durch den höheren Salzgehalt im Blut zustande. Beim Beinahe-Ertrinken im Salzwasser wird aus der Blutbahn noch mehr Wasser in die Lunge abgegeben. Der Salzgehalt im Wasser ist in dem Fall höher als der im Blut.

**Ertrinkungs-unfälle**

Jedes Ertrinkungsopfer muss in die **Klinik** gebracht werden. Bis zu 48 Stunden nach dem Unfall kann sich nämlich ein Lungenödem (Wasseransammlung in der Lunge) entwickeln (zweites oder auch sekundäres Ertrinken). Kombiniert mit dem Lungenödem ist häufig eine Lungenentzündung (Pneumonie) zu erwarten.

# Fremdkörper in Nase oder Ohren

Gerade im Kleinkindalter stecken sich Kinder aus Unwissenheit und Neugier kleine Gegenstände (z. B. Erbsen) in Ohren und Nase. Im Prinzip kann dabei nicht viel passieren. Schlimmstenfalls kann es zu Verletzungen der Schleimhaut, etwa durch Lego-Bausteine, selten auch zu Blutungen kommen.

## Maßnahmen

- Bitte versuchen Sie nicht, den oder die Fremdkörper mit improvisierten Hilfsmitteln herauszuholen. Sie können die Situation dadurch noch verschlimmern. Am besten ist der Besuch bei einem Facharzt für Hals-Nasen-Ohren-Heilkunde. Der hat alle Instrumente zur Hand, um den Fremdkörper gefahrlos zu entfernen.

- Kommt es trotz aller Vorsicht zu Nasenbluten, versuchen Sie die Blutung durch einen kalten Waschlappen im Nacken zu beruhigen.

# Hitze-Erschöpfung

Unter einer Hitze-Erschöpfung versteht man einen Schwächeanfall, der bei ungenügender Flüssigkeitszufuhr mit Elektrolytverlust, großer körperlicher Belastung und sehr heißen Temperaturen auftritt. Kinder vergessen manchmal beim Spielen alles um sich herum. Auch die Signale des Körpers werden überhört. Am Ende kann es sogar zu einer kurzen Ohnmacht kommen, aus der das Kind aber sehr schnell wieder erwacht.

## Erkennungszeichen

- Starkes Schwitzen
- Hautrötung
- Trockener Mund
- Durst
- Schwindel, Ohrensausen
- Kopfschmerzen

**Fremdkör-
per in Nase
oder Ohren**

**Hitze/Er-
schöpfung
Hitzschlag**

## Maßnahmen

- Wasser zu trinken geben, um den Flüssigkeitshaushalt aufzufüllen (kein Salzwasser)
- Schatten, Abkühlung
- Beruhigen Sie Ihr Kind
- Legen Sie es hin

# Hitzschlag

Durch Hitzeeinwirkung und Verhinderung von Wärmeabgabe kommt es zum lebensbedrohlichen Hitzestau. Zu warme, schlecht atmende Kleidung (Synthetik) bei sehr heißem Wetter kann einen Hitzschlag verursachen. Ein immer wiederkehrender Notfall ist im Sommer das „vergessene" Kind im Auto.

Durch einen Wärmestau im Körper kommt es zu einem Versagen des Thermoregulations-Zentrums. Der Körper kann nun Wärme nicht mehr durch Schwitzen abgeben. Wenn nicht unverzüglich von außen durch Wasser gekühlt wird, überhitzt der Körper – und das kann im schlimmsten Fall zum Tod führen.

## Erkennungszeichen

- Heiße, rote Haut, kein Schwitzen
- Hohe Körpertemperatur mit einem schnellen Puls
- Kopfschmerzen, Erbrechen
- Schläfrigkeit, Bewusstseins-Störungen, Bewusstlosigkeit

## Maßnahmen

- Das Kind nach Möglichkeit an einen kühlen, schattigen Ort bringen
- Den Oberkörper hoch lagern. Bei Bewusstlosigkeit jedoch Bauchlage (bis zum 4. Lebensjahr) oder Seitenlage (ab dem 4. Lebensjahr)
- Feuchte Tücher zur Senkung der Körpertemperatur auf Unterschenkel, Unterarme und Stirn legen. Kälte entsteht dann durch Verdunsten.
- Parallel zum Kühlen sollten Sie kontinuierlich die Atmung und den Puls überprüfen.
- Bei Durst möglichst Wasser zu trinken geben
- Notruf anrufen.

# Kehldeckel-Entzündung (Epiglottitis)

Die Epiglottitis ist eine eitrige Kehldeckel-Entzündung. Durch eine Schwellung des entzündeten Kehldeckels kommt es zu einem lebensgefährlichen Krankheitsbild, weil die Atmung behindert wird.

Sie kommt zu jeder Jahreszeit vor, und vor allem sind Kleinkinder im Alter von 2 bis 5 Jahren betroffen. Die Epiglottitis stellt eine seltene Erkrankung dar, die aber aufgrund des ebenfalls bestehenden pfeifenden oder fauchenden Geräusches bei der Einatmung leicht mit dem Pseudokrupp zu verwechseln ist.

Die seit vielen Jahren bestehende Impfung (HIB-Impfung) hat sicher auch dazu beigetragen, dass die Erkrankungs- und Todeszahlen zurückgegangen sind. Sicher haben aber verbesserte Lebensumstände, gute hygienische Verhältnisse und ein gut und schnell funktionierendes Rettungswesen auch geholfen.

**Kehldeckel-Entzündung**

## Erkennen einer Epiglottitis

Die Kinder erkranken meist aus voller Gesundheit heraus oder nach einem banalen Infekt. Häufig sind hohes Fieber und Lymphknoten-Schwellungen im Bereich der Kieferwinkel vorhanden. Die eitrige Kehldeckel-Entzündung geht mit kloßiger Sprache und Schluckschmerzen einher, die dadurch bedingt sind, dass der Kehldeckel beim Schlucken den Kehlkopf verschließt.

## Symptome

- Es kommt sehr schnell zu Atembeschwerden, die rasch fortschreiten und zu einer akuten Atemnot werden.
- Durch die starke Einengung im Kehldeckel-Bereich kommt es zu einem ziehenden, fauchenden oder pfeifenden Atemgeräusch bei der Einatmung.
- Kloßige Sprache
- Schluckbeschwerden, Speichelfluss
- Normalerweise wenig bis kein Husten
- Fieber, ca. 39° C
- Unruhe und Angst

## Maßnahmen bei Epiglottitis

- Am wichtigsten ist es, Ruhe zu bewahren. Signalisieren Sie Ihrem Kind, dass Sie da sind, dass etwas getan wird – und vermeiden Sie auf jeden Fall jede Aufregung.
- Sehr schnell muss der Notruf erfolgen – mit der Meldung: „Mein Kind hat Atemnot."
- Keine Rachen-Inspektion (Mit dem Löffel tief in den Mund hinein schauen). Es kann reflektorisch zu einer noch stärkeren Schwellung kommen.
- Medikamente zur Vorbeugung oder für den akuten Anfall besprechen Sie bitte ganz individuell mit Ihrem Arzt.

## Anmerkung

Gesunde Kinder erkranken in der Regel selten an sehr akuten, lebensbedrohlichen Erkrankungen. Sorgen Sie für ein ausgeglichenes, harmonisches Umfeld. Lassen Sie Ihr Kind nach einer durchgemachten Erkrankung für ein paar Tage ausruhen und neue Kräfte tanken. Auch das Immunsystem muss sich erst erholen.

# Pseudokrupp-Anfall

Der Anfall tritt meist nachts zwischen 24 und 2 Uhr auf. Unser körpereigener Cortisonspiegel sinkt in der Nacht. Das ist ein normaler Vorgang. Cortison ist ein Stresshormon und wird bei großer allgemeiner Anspannung und in Gefahren-Situationen vermehrt ausgeschüttet. Während des Tages haben wir einen relativ hohen Cortisonspiegel im Blut, um jederzeit „gerüstet" zu sein. Das ist nachts im Schlaf nicht nötig.

Eine der wichtigen Aufgaben von Cortison ist es, drohende Schwellungen im Keim zu ersticken. Das ist nachts also kaum möglich. Deswegen verschlimmern sich viele Symptome wie Husten oder Fieber am Abend oder in der Nacht.

Vom Verhalten her gehören die „Pseudokrupp-Kinder" oft zu den extremen Trotzkindern. Das hat während des Anfalls zur Folge, dass sie sich schnell in die Situation hineinsteigern. Deswegen ist eine Ablenkung manchmal der Schlüssel zum Erfolg. Gehen Sie mit Ihrem Kind zum Beispiel einfach spazieren. Die kühlere Außenluft tut gut.

Im Normalfall ist der erste Anfall leider auch der schlimmste. Scheuen Sie sich nicht, bei einer augenscheinlichen akuten Atemnot sofort den **Notruf** anzurufen.

Pseudokrupp-Anfälle kommen bei gesunden Kindern aus heiterem Himmel. Nach dem Anfall ist das Kind am nächsten Tag meist wieder symptomlos und gesund. Selbst bei einer sehr ausführlichen Untersuchung findet man nur selten einen genauen Anhaltspunkt für den Auslöser.

**Pseudo-krupp-Anfall**

### Es kommt zu den typischen Symptomen:

- Brüllhusten, Heiserkeit und ein fauchendes, pfeifendes oder ziehendes Geräusch bei der Einatmung (auch inspiratorischer Stridor genannt).
- Der erste Anfall wird immer schlimmer und durch eine zunehmende Atemnot immer bedrohlicher.

> **Merke:**
> Wenn Sie Angst um Ihr Kind haben, weil es vor lauter Husten schlecht Luft bekommt und es vielleicht der erste Anfall ist, sollten Sie zur Sicherheit den **Rettungsdienst** verständigen.

# Der leichte Pseudokrupp-Anfall

Der leichte Pseudokrupp-Anfall ist durch bellenden Husten und Heiserkeit gekennzeichnet. Bei der Einatmung ist ein leises fauchendes oder pfeifendes Geräusch zu hören. Schreitet die Erkrankung fort, wird das Fauchen und Pfeifen bei der Einatmung deutlicher. Die Erkrankung kann in diesem Stadium abklingen – oder aber auch weiter fortschreiten.

# Der schwere Pseudokrupp-Anfall

Ein schwerer Pseudokrupp-Anfall zeigt neben dem typischen bellenden Husten ein lautes ziehendes Geräusch bei der Einatmung. Zusätzlich leidet das Kind unter deutlicher Atemnot mit erheblichen Einziehungen im Zwischenrippenraum und unterhalb des Brustbeins. Das Kind wird unruhig und ist ängstlich. Der Puls ist meist sehr schnell. Häufig färben sich die Lippen bläulich. Aus den anfänglichen Atembeschwerden wird nicht selten eine akute Atemnot.

## Maßnahmen

- Ruhe bewahren.
- Psychische Betreuung. Geben Sie Ihrem Kind eine geborgene Atmosphäre, Sicherheit und viel Liebe.
- Eine feucht-kalte Atemluft erzeugt man am besten, wenn man im Badezimmer alle Wasserhähne ganz heiß aufdreht und das Fenster kippt. Im Schlafzimmer kann man durch „Dampfbäder" in Schüsseln für eine feuchte Luft sorgen.
- Gehen Sie mit Ihrem Kind spazieren. Das sorgt für Ablenkung und kühle Luft. Dadurch wird ein Anfall häufig sehr einfach durchbrochen.
- Oder fahren Sie mit Ihrem Kind Auto. Das sorgt ebenfalls für Ablenkung und kühle Luft.
- Geben Sie Tees und Mittel, die den Hustenreiz mildern (zum Beispiel Isla Moos Pastillen)
- Wenn Sie Angst um Ihr Kind haben, sollten Sie zur Sicherheit den Rettungsdienst verständigen.
- Medikamente zur Vorbeugung oder für den akuten Anfall besprechen Sie am besten ganz individuell mit Ihrem Arzt.

## Allgemeines zum Pseudokrupp

Pseudo-
krupp-
Anfall

Da beim Pseudokrupp meistens ein viraler Infekt im Spiel ist, scheint es sich wohl um einen Immunsystem-Defekt zu handeln. Dass die Viren bei sehr vielen Kindern vorhanden sind, aber nur in Einzelfällen zu einem Anfall führen, spricht auch für einen Defekt im Immunsystem. Im Blutbild findet sich aber kein Anhaltspunkt.

Therapeutisch sollte man systemisch an das Geschehen herangehen – zum Beispiel mit einer Ordnungs-Therapie. Das ist eine Therapie, die den ganzen Körper breitflächig anregt, aktiv zu werden, um „alte" Infekte bzw. chronische Erkrankungen auszuheilen.

Wenn es gelingt, dem Immunsystem die Information zu geben, dass es gegen die Viren etwas unternehmen soll, ist schon ein wichtiger Schritt getan.

## Mögliche Therapien

- Fußreflexzonen-Therapie
- Das Immunsystem anregende Tees, Immun-Stimulantien
- Homöopathische Trias: Man gibt drei Mittel in einer festgesetzten Reihenfolge. Wirkt das erste zufriedenstellend, sind die beiden folgenden nicht mehr nötig. Manchmal wirkt erst das zweite richtig, und manchmal muss man alle drei geben.

1) Aconit C 30 ist in 90 % der Fälle das richtige Mittel, vor allem für den plötzlichen Beginn mit allen Symptomen.
2) Spongia C 30 wird als Folgemittel von Aconit gegeben, wenn das nach einer zweimaligen Gabe keine eindeutige Besserung gebracht hat.
3) Hepar sulfuris C 30 ist das dritte Mittel und kommt nur selten zur Anwendung.

Diese drei Mittel sollen Ihnen eine Hilfe in Situationen sein, in denen Sie Ihren vertrauten Arzt oder Heilpraktiker nicht erreichen.

# Pseudokrupp und Epiglottitis im Vergleich

| | Pseudokrupp | Epiglottitis |
|---|---|---|
| Lebensalter | 0 bis 3 Jahre | 2 bis 5 Jahre |
| Erreger | Virus | Bakterien (HIB) |
| Verlauf | Langsam, Infekt | Akut |
| Fieber | Keines bis mäßig | Hoch, über 38,5° C |
| Allgemeinzustand | Befriedigend | Schwerkrank |
| Schlucken | Unauffällig | Schluckbeschwerden Halsschwellung |
| Husten | Brüllhusten | Keiner |
| Sprache | Unauffällig | Kloßig, leise |
| Speichel | Normal | Erhöhter Speichelfluss |
| Bedrohlichkeit | Selten | Immer |
| Rezidive | Häufig | Selten |
| Maßnahmen | Befeuchtung und Kühlung der Atemluft. Spazieren-gehen, Auto fahren. Bei Bedarf Rettungsdienst | Notarzt Achtung: Keine Rachen-Inspektion |
| Prophylaxe | Nicht bekannt | HIB-Impfung |

Pseudo-krupp-Anfall

**Wichtig:**

Die Altersgrenzen verschieben sich im Moment nach oben. Inzwischen gibt es leider auch Kinder, die mit 5 Jahren noch von Pseudokrupp-Anfällen befallen werden.

# Nasenbluten

Nasenbluten bei Kindern ist in den allermeisten Fällen etwas völlig Harmloses. Vor allem beim Spielen oder bei einem Gerangel kommt es aber immer wieder vor, dass Kinder urplötzlich mit Nasenbluten reagieren. In seltenen Fällen finden sich Fremdkörper in der Nase. Bitte denken Sie daran. Und klären Sie ab, ob Ihr Kind sich etwas in die Nase gesteckt hat.

## Wie Sie bei Nasenbluten vorgehen sollten:

- Lassen Sie das Kind den Kopf nach vorn herunter hängen, damit das Blut herausläuft. Große Blutmengen soll man nicht schlucken.
- Legen Sie Ihrem Kind etwas Kühles in den Nacken. Dort befinden sich große Blutgefäße, die sich durch die Kühlung zusammenziehen. Damit kommt weniger Blut zur Nase, die Blutung beruhigt sich schneller.
- Meistens findet das Nasenbluten bei Kindern im vorderen Nasenbereich statt. Den Bereich kann man sehr einfach mit zwei Fingern fest zusammendrücken. Dadurch kann man die meisten Blutungen rasch stoppen.

## Worauf Sie noch achten sollten:

- Wenn Ihr Kind während des Spielens durch irgendeine Form der Gewalteinwirkung Nasenbluten bekommt, das nach kurzer Zeit von allein wieder aufhört, dann müssen Sie nichts weiter unternehmen. Wenn Ihr Kind andere Beschwerden – zum Beispiel Kopf- oder Halsschmerzen – hat, sollten Sie an eine weitere Verletzung denken.
- Bekommt Ihr Kind aber aus „heiterem Himmel" Nasenbluten, ohne dass eine zweite Person etwas damit zu tun hatte, so sollten Sie Ihr Kind immer von einem Arzt untersuchen lassen.

- Wenn Ihr Kind wegen kleinster Stöße gleich Nasenbluten bekommt, dann scheint ebenfalls etwas nicht ganz in Ordnung zu sein (vielleicht ist die Blutgerinnung gestört). Klären Sie so etwas am besten mit Ihrem Arzt ab.

## Maßnahmen

- Im Alltag sollten Sie sich keine Sorgen machen und auf das gewöhnliche Nasenbluten mit Gelassenheit und Ruhe reagieren.
- Therapie-Möglichkeiten für häufiges, leicht auszulösendes Nasenbluten gibt es eine ganze Reihe. Eine der Möglichkeiten ist es, die Blutgefäße in der Nase zu veröden. Dabei wird aber nichts an der Ursache geändert. Man muss sich dann eher die Frage stellen: *„An welcher Stelle im Körper bricht die Schwachstelle als nächstes auf?"*
- Sicher gibt es Situationen, in denen nur ein schnelles gezieltes Veröden Schlimmeres abwendet. Aber als Erstes sollte man immer versuchen, die Ursache zu finden und sie anschließend zu behandeln.

Nasen-
bluten

# Schock

Der Schock ist eine lebensgefährliche Herz-Kreislaufstörung, die durch einen relativen (Blut versackt in die Beine) oder absoluten Blutmangel (zum Beispiel eine starke Blutung nach einem Unfall) ausgelöst wird. Das Herz hat schlagartig weniger Volumen zur Verfügung. Es kommt zu einem Blutdruckabfall.

Um die lebensgefährliche Störung zu kompensieren, schlägt das Herz schneller. Dieser Kreislauf kann insofern lebensbedrohlich werden, als der Blutdruck immer mehr abfällt und die Herzfrequenz immer mehr ansteigt. Die Folge ist ein Herzversagen.

Der Schock tritt eigentlich nie allein auf. In Begleitung verschiedener Erkrankungen oder Verletzungen kommt es unter bestimmten Voraussetzungen zu einer Lebensbedrohung durch einen entgleisenden Schock.

## Ursachen

- Blutungen nach innen oder außen
- Flüssigkeitsverlust durch starken Durchfall oder Erbrechen
- Flüssigkeitsverlust bei großflächigen Verbrennungen
- Versacken des Blutes bei einer allergischen (anaphylaktischen) Reaktion
- Viele andere

## Symptome

- Blasse, kalte Haut
- Kalter Schweiß
- Große, tiefliegende Augen
- Schneller, schwacher Puls

- Unruhe, Angst, Verwirrtheit
- Stehende Hautfalten: Ziehen Sie ein wenig Haut am Unterarm oder Handrücken zu einer steilen Falte nach oben. Bleibt diese Falte nun „stehen" oder sinkt nur ganz langsam in sich hinein, bezeichnet man das als „stehende" Hautfalten, als Zeichen einer Austrocknung (Exsikose).
- Eingefallene Fontanelle: Das ist bei Säuglingen das offene Dreieck in der Mitte oben am Kopf
- Trockene Schleimhäute

## Maßnahmen

- Beruhigung, Zuspruch
- In jedem Fall den Notruf anrufen. Jeder Schock ist lebensgefährlich.
- Schocklagerung durch Hochlegen der Beine .
- Wärmen, zudecken
- Denken Sie daran, dass eine Wirbelsäulen-Verletzung durch das Hochlegen der Beine schlimmer werden kann. Im Zweifelsfall beachten Sie bitte folgende Schritte:
  - Besteht der Verdacht auf eine Wirbelsäulenverletzung und ist das Kind ansprechbar und orientiert *(„ Wie heißt du? ", „ Wo wohnst du? ", „ Wann hast du Geburtstag? ")*, dann versuchen Sie weiterhin mit dem Kind zu sprechen und legen die Beine erst mal nicht hoch.
  - Wenn sich der Zustand verschlimmert (zum Beispiel, wenn dem Kind langsam schwarz vor Augen wird), dann müssen Sie trotz allem doch die Beine hoch legen.
- Natürliche Heilmittel finden Sie im Info-Magazin. ▶ S. 160

Schock

# Schreiende Kinder

Ein laut schreiendes Kind ist eine große Belastung für die Eltern, die viel Unsicherheit mit sich bringt. Fragen wie: *„Ist es etwas Schlimmes?"* oder *„Ist es nur leichtes Bauchweh?"* oder *„Ist mein Kind nur wütend?"* kommen Ihnen sofort in den Sinn. Manchmal werden Sie aber vielleicht auch einfach überfordert sein und die Geduld verlieren.

Wir sind alle nur Menschen und stoßen alle irgendwann im Leben an eine Leistungsgrenze. Wenn die überschritten ist – und bei Kindergeschrei geht das sehr schnell – handeln wir nicht immer vernünftig.

Bei manchen Kindern kommt es immer wieder einmal vor, dass sie sich durch extrem aggressives und ausdauerndes Schreien in eine Ohnmacht hineinbugsieren. Zuerst wird das Kind rot oder blau anlaufen, die Augen verdrehen und manchmal sogar ohnmächtig zusammensacken. Dieses Phänomen ist in der Medizin bekannt und im Normalfall völlig harmlos.

In den meisten Fällen benutzt ein Kind das Schreien, um etwas durchzusetzen. Wenn Ihr Kind etwas möchte, das es nicht bekommt, und sich dann durch lautes hysterisches Schreien doch durchsetzt, hat es gewonnen. Beim nächsten Mal wird es seinen Willen mit noch mehr Nachdruck versuchen durchzusetzen, weil es weiß: „Damit hatte ich schon einmal Erfolg."

Fangen Sie rechtzeitig an, Ihrem Kind beizubringen, dass Schreien kein Mittel ist, um in einem Konflikt etwas zu erreichen. Versuchen Sie, ruhig zu bleiben und ihm ein anderes Verhaltensmuster anzubieten.

Erklären Sie ihm Ihre Gründe und bleiben Sie konsequent bei Ihrem „Nein". Auch sehr kleine Kinder verstehen das schon erstaunlich gut. Wichtig ist, dass Sie Ihrem Kind Aufmerksamkeit schenken, und dass es spürt, dass Sie für Ihr Kind da sind und sich um seine Bedürfnisse und

Wünsche kümmern. Ob Sie im Einzelfall *„Ja"* oder *„Nein"* sagen, spielt
dann nicht mehr so eine große Rolle.

Natürlich sollten Sie mit Ihrem Kind zum Arzt gehen, wenn es immer wieder aus heiterem Himmel ohne „pädagogischen Grund" schreit. Denn Sie
müssen ja sicher sein, dass keine ernsthafte Erkrankung vorliegt.

**Schreiende
Kinder**

# Sonnenstich

Ein Sonnenstich entsteht durch direkte, starke Sonneneinstrahlung auf den ungeschützten Kopf. Die Überwärmung führt zu einer Reizung der Hirnhäute und des Gehirns. Dabei kann die Körpertemperatur normal sein. Die gereizten Hirnhäute führen zu den unten aufgeführten Symptomen.

Die Reizung braucht etwas Zeit, um vollständig abzuheilen. Ihr Kind sollte mindestens zwei Tage lang nicht mehr der Sonne ausgesetzt sein. Die Hirnhäute brauchen Zeit, um sich zu erholen. Wenn Sie Ihr Kind zu früh der Sonne aussetzen, können sich chronische Kopfschmerzen ausbilden. Besonders gefährdet sind Kleinkinder ohne Kopfbedeckung.

## Symptome
(häufig mit einer zeitlichen Verzögerung, zum Beispiel in der Nacht)

- Heißer, roter Kopf
- Kopfschmerzen
- Nackenschmerzen oder Nackensteifigkeit
- Schwindel
- Übelkeit und schwallartiges Erbrechen
- Evtl. leichtes Fieber
- Evtl. Krämpfe, Bewusstlosigkeit

## Maßnahmen

- Lagern Sie Ihr Kind an einem kühlen Ort, Oberkörper leicht erhöht
- Kalte, feuchte Tücher auf die Stirn und den Nacken legen
- Wenn Ihr Kind bewusstseinsverändert ist, bitte unverzüglich den **Rettungsdienst** alarmieren

- Bei Bewusstlosigkeit das Kind sofort in eine Bauchlage (bis 4 Jahre) oder eine Seitenlage (ab dem 4. Lebensjahr) bringen
- Geben Sie Ihrem Kind, wenn möglich, ein wenig zu trinken
- Denken Sie an eine sichere, geborgene Atmosphäre

**Sonnenstich**

# Unterkühlung

Kinder haben einen sehr viel empfindlicheren Wärmehaushalt als Erwachsene. Regen, Wasser, Wind und Feuchtigkeit verstärken den Wärmeverlust. Durch „Lernen" wissen Kinder, dass sie, wenn sie lange in der Kälte waren und zu Hause allmählich „auftauen", meistens sehr starkes Kribbeln oder gar Schmerzen, vor allem in den Fingern und den Händen haben werden.

Deshalb bleiben sie dann noch länger in der Kälte und unterkühlen noch stärker. Natürlich stellt das meist keinen ernst zu nehmenden Notfall dar, aber es kommt im Winter häufig vor.

**Tipp: Lassen Sie Ihr Kind langsam „auftauen".**

Von einer lebensbedrohlichen Unterkühlung spricht man ab einer Temperatur unter 34° C im Körperstamm. Sie kann sich zum Beispiel bei einem Verkehrsunfall entwickeln, wenn das Unfallopfer nicht sofort gefunden wird – oder bei betrunkenen Menschen, die sich im Winter im Freien zum Schlafen hinlegen. Der Alkohol bewirkt eine verminderte Kälte-Wahrnehmung und eine herabgesetzte Schmerz-Wahrnehmung.

## Symptome einer lebensbedrohlichen Unterkühlung

- Der Patient hat keine Schmerzen mehr
- Der Patient ist verwirrt oder sogar bewusstlos
- Die Außentemperatur ist sehr bedrohlich
- Der Patient kann nicht mehr allein aufstehen.

## Maßnahmen

- Sofort den Notruf anrufen
- Basis-Check: Ansprechen, Schütteln, Kneifen, Atmung und Puls überprüfen
- Gegebenenfalls bei einer Bewusstlosigkeit in die stabile Seitenlage (ab dem 4. Lebensjahr) bzw. in die Bauchlage (bis zum 4. Lebensjahr) bringen
- Nasse Kleidung sehr vorsichtig ausziehen, das Kind in eine Rettungsdecke einhüllen, wenn möglich mit der eigenen Körperwärme (des Helfers) etwas erwärmen
- Bewegung vermeiden, da sonst das stark unterkühlte Blut aus den Armen und Beinen in den Bauch, in die Brust zum Herzen zurücklaufen kann. Das kann zu einem schlagartigen Versagen des Herzens führen.
- Langsame Erwärmung. Faustregel: 1° C pro Stunde (meist nur im Krankenhaus möglich)
- Feuchtwarme Packungen bitte nur in extremen Situationen anwenden, wo Sie unter Umständen sehr lange auf Hilfe warten müssen (zum Beispiel nach einem Bergunfall)

## Beachten Sie:

- Keine Abreibung mit Schnee
- Keine Bewegung (Bergungstod)
- Kein passives Aufwärmen (heißes Bad)
- Kein Alkohol

Unter-
kühlung

# Zeckenbiss

Zecken können Krankheitserreger übertragen. Unterschieden werden die viral bedingte Frühsommer-Meningo-Enzephalitis (FSME) und die bakteriell bedingte Lyme-Borreliose.

Die beste Vorbeugung gegen eine Infektion ist ein gründliches Absuchen der Haut, besonders der Körperfalten, nach einem Aufenthalt im Wald. Je früher die Zecke entfernt wird, desto besser, weil die FSME-Erreger erst übertragen werden, wenn sich die Zecke vollgesaugt hat.

## Entfernung von Zecken

Die Zecke sollte möglichst lebend und mitsamt dem Kopf entfernt werden. Ein Druck auf den Zeckenkörper ist zu vermeiden. Am besten eignet sich eine Zeckenzange, mit der die Zecke gegen den Uhrzeigersinn heraus gedreht wird. Andernfalls lässt sich die Zecke mit Hilfe einer Nagelfeile oder einer kräftigen Nadel bei gestraffter Haut wegschieben – genauso, als ob man einen Splitter entfernt.

## FSME (Frühsommer-Meningo-Enzephalitis)

Das Vorkommen der FSME ist auf bestimmte Regionen begrenzt – zum Beispiel in Österreich, in den Mündungsgebieten der Donau, vereinzelt in Niederbayern und in einigen Waldregionen Ostdeutschlands. In diesen Gebieten ist nur etwa jede zwanzigtausendste Zecke Virusträger. Etwa 60% aller Infektionen verlaufen ohne Symptome. Die schwerste Komplikation ist die Meningo-Enzephalitis (Entzündung von Hirnhaut und Gehirn).

Genauere Informationen über das Verbreitungsgebiet bekommen Sie bei Ihrem zuständigen Gesundheitsamt.

## Lyme-Borreliose

Erreger ist ein Bakterium, das überall vorkommt. Kommt es zur Infektion, bildet sich etwa eine Woche nach dem Biss eine ringförmige, größer werdende Hautrötung um die Biss-Stelle aus, die so genannte Wanderröte. Die Erkrankung zeigt sich in einer Nervenentzündung und Gelenksbeteiligung (Arthritis). Sie ist antibiotisch gut behandelbar. Man muss nur sofort zu einem Arzt, damit die Therapie unverzüglich beginnen kann.

**Wichtig:**
Ob bei einem Zeckenbiss eine Infektionsgefahr besteht, hängt zum größten Teil von Ihrem Aufenthaltsort ab. Erkundigen Sie sich bitte vorher (Arzt oder Gesundheitsamt), ob Sie sich in einen Bereich mit hohem Infektionsrisiko begeben.

Zeckenbiss

# 5

# Wie Sie Unfällen vorbeugen können

## In diesem Kapitel erfahren Sie, ...

- wie Sie Ihr Kind
  mit Risiken vertraut machen können
- wie Sie Ihrem Kind helfen können,
  in gefährlichen Situationen
  kühlen Kopf zu bewahren
- wie Sie Ihr Kind
  vor den alltäglichen Gefahren schützen können

Kinder lernen durch Nachahmung und eigene Erfahrungen. Auch wenn Sie alles daran setzen, Ihr Kind vor jeder unliebsamen Erfahrung zu warnen – Sie werden es nie verhindern können, dass sich Ihr Kind alles selbst erarbeiten und alles selbst erfahren möchte.

Ein Weg, Ihr Kind vor großen Fehlern und schlimmeren Verletzungen zu bewahren, ist, es rechtzeitig mit Möglichkeiten vertraut zu machen, wie es an Neues vorsichtig herangeht. Es kommt zwar trotzdem zu Misserfolgen und leidvollen Erfahrungen, aber daraus werden seltener schwere Verletzungen entstehen können.

Verbote haben immer zur Folge, dass etwas für das Kind noch viel interessanter erscheint als vorher. Ihr Kind wird mit einer Engelsgeduld abwarten, bis Sie unaufmerksam sind, um das Verbotene dann sofort auszuprobieren. Und dann handelt es mit einem schlechten Gewissen, mit Unsicherheit und Angst. Ein ängstliches Kind ist im Stress. Die Gefahr, dass in diesem Zustand etwas misslingt, ist daher relativ hoch.

Wenn Sie erreichen möchten, dass Ihr Kind etwas Bestimmtes unterlässt, sagen Sie ihm ganz klar, was Sie von ihm möchten. Klare Aussagen helfen Ihrem Kind. Sagen Sie ihm immer, was es machen soll – und nicht, was es nicht machen soll.

**Beispiel:** Wenn Sie Ihrem Kind sagen *„Fall' da nicht runter"*, dann denkt es nur ans Runterfallen – und es fällt wahrscheinlich runter. Wenn Sie ihm aber sagen *„Halt' dich fest!"*, dann denkt es nur ans Festhalten – und es bleibt oben.

# Ein paar Tipps für die Küche

- Kinder sind neugierig. Lassen Sie Ihr Kind beim Kochen zusehen. Stellen Sie dafür einen Stuhl an den Herd. So kann es aus dieser Höhe direkt in den Topf hinein sehen. Es muss den Topf nicht mehr nach unten oder gar vom Herd ziehen.
- Bewahren Sie scharfe Messer möglichst verschlossen auf oder legen Sie sie so weit nach hinten an die Wand, dass Kinder sie nicht mehr erreichen können.
- Stellen Sie elektrische Geräte möglichst weit weg vom Waschbecken auf.
- Geben Sie den ganz Kleinen große Stücke zum Nagen. Von einem geteilten Apfel können Kinder größere Stückchen abbrechen und daran ersticken. Geben Sie Ihrem Kind einen ganzen Apfel. Um davon ein großes Stück abzubeißen, braucht es sehr viel Kraft.
- Die beliebte Brezel sollte man in möglichst großen Stücken anbieten. Denken Sie daran, dass Kinder die Brezel weich lutschen und es dann wieder möglich wird, große Stücke zu verschlucken. Tauschen Sie also rechtzeitig die weich gelutschte Brezel gegen eine neue aus.

# Vergiftungen

- Auch Medikamente sind bei Kindern sehr beliebt. Sie möchten die „Großen" nachahmen. Verwahren Sie Ihre Medikamente an einem geschützten Ort. Bitte vergessen Sie nicht, dass natürliche Heilmittel ebenfalls Medikamente sind.
- Sehr selten kommt es zu einer Vergiftung mit Reinigungsmitteln. Die Verschlüsse sind heutzutage ziemlich sicher. Verwahren Sie Putzmittel bitte nur in den dafür vorgesehenen Behältern, und lagern Sie sie an einem sicheren Ort. Kaufen Sie nur Mittel, die mit einer kleinen Sprühdüse benutzt werden. Damit ist es fast ausgeschlossen, dass ein Kind große Mengen davon trinkt.

- Auf dem Spielplatz kommt es manchmal vor, dass Kinder eine Zigaretten-kippe finden. Auch wenn die nicht sehr gut riecht, wird sie doch in den Mund genommen – nach dem Motto: „Die Erwachsenen machen das ja auch immer." Eine halbe Zigarette kann für ein Kind schon gefährlich werden. Das Aufessen mehrerer Zigaretten ist tödlich.
- Beim Spazierengehen im Wald kommt es manchmal vor, dass Kinder schöne Beeren essen. Über den **Gift-Notruf** bekommen Sie Auskunft, wie giftig die gegessene Pflanze wirklich ist.

## Sonstige Tipps:

- Im Garten stellen Gartenteiche, die mit einer Plastikfolie ausgeschlagen sind, die größte Gefahrenquelle dar. Die Kleinen (ca. 2 Jahre alt), die hineinfallen, können in dem rutschigen Teich nicht mehr aufstehen und ertrinken. Eine feste Kiesschicht auf dem Grund des Teiches würde einen Teil der Gefährlichkeit nehmen.
- Bei Sommerfesten oder sonstigen Gelegenheiten, bei denen im Freien gegessen wird, muss man sehr gut auf Bienen und Wespen achten. Um einen Stich im Mundraum zu vermeiden, geben Sie Ihrem Kind bitte nur durch-sichtige Tassen und Gläser. Das Kind sieht dadurch eine im Glas sitzende oder schwimmende Biene. Auch ein dünner Strohhalm kann hier gute sichere Dienste leisten.
- Kinder reagieren langsamer als Erwachsene. Das muss vor allem im Straßen-verkehr beachtet werden.

# 6

# Das Info-Magazin

## In diesem Kapitel bekommen Sie Informationen zu folgenden Themen:

- Der Rettungsdienst: Aufbau und Arbeitsweise
- Der Haus-Verbandskasten
- Natürliche Heilmittel
- Kurse zum Thema „Kinder-Notfälle"

# Der Rettungsdienst: Aufbau und Arbeitsweise

Der Rettungsdienst ist eine zentral gelenkte Einrichtung zur Rettung von Notfall-Patienten. Das Notfall-Spektrum umfasst alle Arten von Notfällen, vom Herzinfarkt bis hin zu Verkehrsunfällen.

## Allgemeine Informationen

### Mitarbeiter im Rettungsdienst:

- Rettungsdienst-HelferIn — 320 Stunden Ausbildung. Sie werden als FahrerInnen von Krankenwagen eingesetzt

- RettungssanitäterIn — 520 Stunden Ausbildung. Sie werden als Fahrer und Beifahrer von Krankenwagen und als Fahrer von Rettungswagen eingesetzt.

- RettungsassistentIn — In Zweijährige Ausbildung. Sie werden als Fahrer und Beifahrer auf Rettungswagen eingesetzt.

- Notärztin/Notarzt — Zusätzlich zum Medizinstudium muss eine gesonderte Ausbildung absolviert werden, um die Zulassung zum Notarzt zu bekommen.

- Leitstellen-MitarbeiterIn — Es werden normalerweise nur RettungssanitäterInnen und RettungsassistentenInnen eingesetzt. Eine zusätzliche Qualifikation ist obligat.

Im ganzen Bundesgebiet gibt es Rettungsleitstellen, die für die Logistik der Einsatzfahrzeuge und die Patientenverteilung zuständig und verantwortlich sind. Im Einzelnen müssen die MitarbeiterInnen am Telefon entscheiden, welches Rettungsmittel notwendig ist und von welchem Standort die schnellstmögliche Hilfe herangeführt werden kann.

Ziel ist es, so schnell wie möglich zu helfen. Das benötigte Rettungsmittel wird zum Einsatz beordert. Falls die Anfahrt länger dauern sollte, wird vorab schon einmal ein in der Nähe stationiertes anderes Rettungsmittel losgeschickt. So kann die Einsatzzeit bis zum Eintreffen von weiterer Hilfe (zum Beispiel dem Notarzt) auf ein Minimum reduziert werden.

Beispiel: Der benötigte Notarzt hat eine Fahrzeit von 14 Minuten, ein in der Nähe stationierter Rettungswagen kann aber schon in 4 Minuten am Einsatzort sein. In diesem Fall ist der Mitarbeiter der Leitstelle vom Gesetzgeber verpflichtet, beide Fahrzeuge zum Einsatz zu schicken.

## Rettungsmittel / Rettungsdienst-Fahrzeuge

- Krankenwagen

  Dieses Fahrzeug ist mit mindestens einem Rettungs-Sanitäter besetzt. Der ist für die Patienten-Betreuung verantwortlich. Aufgabe ist der Transport von Nicht-Notfallpatienten, die nur einen liegenden Transport oder qualifizierte Hilfe während des Transportes brauchen. Für einen eventuell eintretenden Notfall führt das Fahrzeug einen Notfallkoffer mit.

- Rettungswagen

  Dieses Fahrzeug ist mit mindestens einem Rettungs-assistenten besetzt. Der ist für die Patienten-Versorgung voll verantwortlich. Aufgabe ist die Erstversorgung von Notfall-Patienten und deren Betreuung während des Transports und die qualifizierte Unterstützung des Notarztes. In dem Fahrzeug werden Materialien für jede Notfallsituation mitgeführt. Durch einen zufällig am Einsatzort anwesenden Notarzt wird der Rettungswagen zum Notarztwagen.

- Notarztwagen

Dieses Fahrzeug ist mit mindestens einem bis zwei Rettungsassistenten und einem Notarzt besetzt. Aufgabe ist es, die Transportfähigkeit des Patienten herzustellen und diesen Zustand dann bis zur Übergabe im Krankenhaus stabil zu halten.

- Kindernotarzt-Wagen

Dieses Fahrzeug ist mit mindestens einem Rettungsassistenten und einem für Kinder-Notfälle speziell ausgebildeten Notarzt besetzt.

- Rettungs-Hubschrauber (RTH)

Dieses Rettungsmittel wird in strukturschwachen Gebieten und auf dem Land eingesetzt. Besetzt ist ein RTH mit einem Piloten, einem Rettungsassistenten, einem Notarzt und gegebenenfalls noch einem Bordtechniker/ Navigator/ Copiloten.

Es gibt noch eine Reihe anderer Rettungsmittel, die im Rahmen dieses Buches nicht von großer Bedeutung sind. Das Rettungsdienst-Gesetz unterliegt dem Landesrecht. Dadurch gibt es kleine Unterschiede in den einzelnen Bundesländern.

# Der Haus-Verbandskasten

## Ein Vorschlag

Die Grundausstattung sollte aus einigen Verbandspäckchen, einer Schere und Pflaster bestehen. Am besten kaufen Sie sich einen einfachen Erste-Hilfe-Kasten oder eine Erste-Hilfe-Tasche fürs Auto. Die enthalten alles Wichtige und sind praktisch. Außerdem können Sie den Kasten umräumen, um weitere wichtige Dinge darin unterzubringen.

### Weitere wichtige Utensilien für den Verbandskasten

- Splitterpinzette
- Zeckenzange
- Medikamente
  (nach Absprache mit Ihrem Arzt, Apotheker oder Heilpraktiker)

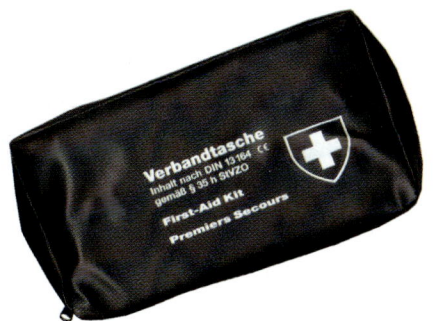
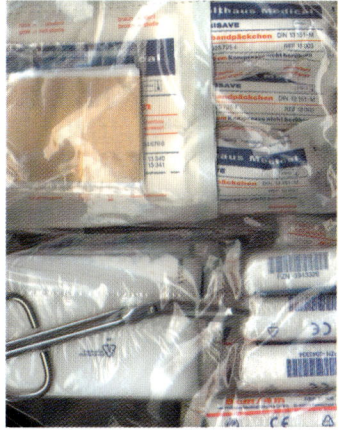

# Natürliche Heilmittel

Die Notfall-Medizin ist in erster Linie eine Domäne der klassischen Schulmedizin. Natürliche Heilmittel sollen als erweiterte Hilfe verstanden werden. Man kann die hier aufgeführten Mittel jederzeit gefahrlos zusätzlich zu den angegebenen Erste-Hilfe-Maßnahmen geben.

Ich habe eine sehr gewissenhafte Auswahl vorgenommen, um die Sache für Sie im Notfall möglichst einfach zu machen.

Erste-Hilfe-Sofort-Maßnahmen stehen im Notfall natürlich immer im Vordergrund. Sie dürfen in keinem Fall durch eine Gabe der aufgeführten Mittel verzögert oder gar unterlassen werden.

## Ein paar Regeln
## zur Einnahme natürlicher Heilmittel

### Homöopathische Mittel

- Alle homöopathischen Mittel, soweit nicht anders angegeben, immer in der homöopathischen Potenz C 30 geben. Einer Gabe entsprechen 2 bis 3 Globuli oder 2 Tropfen.
- Wenn nur ein Mittel angegeben ist, dann gibt es für den Notfall keine gute Alternative. Wenn mehrere Mittel möglich sein können, habe ich stichpunktartig die passenden Symptome zu jedem Mittel hinzugefügt.
- Die Globuli oder Tropfen direkt in den Mund unter die Zunge geben. Die Aufnahme erfolgt über die Mundschleimhäute. Eine halbe Stunde danach bitte nichts essen.
- Tritt die Besserung rasch und deutlich ein, darf das Mittel nicht wiederholt werden.

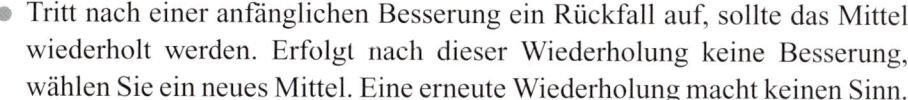

- Tritt nach einer anfänglichen Besserung ein Rückfall auf, sollte das Mittel wiederholt werden. Erfolgt nach dieser Wiederholung keine Besserung, wählen Sie ein neues Mittel. Eine erneute Wiederholung macht keinen Sinn.
- Von einer Besserung spricht man, wenn ...
  - die Schmerzen nachlassen
  - lebensbedrohliche Symptome besser werden
  - der Patient sich wieder beruhigt. Vorsicht: Nicht mit einer Apathie oder Bewusstseins-Veränderung verwechseln, zum Beispiel bei einer Kopfverletzung.
- Wenn ein falsches Mittel gewählt wird, zeigt sich keine Besserung. Der Zustand wird anders, oder es kommen neue Symptome hinzu.
- Kaffee und Kampfer können homöopathische Mittel in ihrer Wirkung massiv beeinträchtigen oder sogar ganz außer Kraft setzen. Viele ätherische Öle beeinträchtigen ebenfalls die Wirksamkeit von homöopathischen Heilmitteln.
- Homöopathische Mittel der Potenz C 30 sollten maximal zweimal in einer Notfall-Situation gegeben werden. Niedrige Potenzen, zum Beispiel D 6 oder D 12, können im Abstand von 5 bis 10 Minuten bis zu einer Besserung gegeben werden.

## Bachblüten

- Bachblüten gibt es in Form von Tropfen und als Salbe.
- Man kann die Rescue-Tropfen oder -Salbe immer und fast überall anwenden. Die einzige Ausnahme bilden offene, blutende Wunden (nicht direkt auf die Wunde geben).
- In diesem Buch empfehle ich nur die Rescue-Tropfen bzw. -Salbe. Dieses Mittel hilft dem Patienten, seine "Mitte" wieder zu finden. Angst, Unruhe und auch Panik werden besser und lassen unter Umständen auch ganz nach.
- Im ganzen Set beinhalten Bachblüten 38 verschiedene Mittel. Aus diesem Pool wurde eine spezielle Mischung für den Notfall zusammengestellt, die so genannten Rescue-Tropfen und Rescue-Creme oder -Salbe.

## Pflanzenheilkunde

- Pflanzliche Mittel finden Sie sehr wenig in diesem Buch, da die Zubereitung für einen richtigen Notfall zu zeitraubend ist. Vorbeugend hingegen sind Tee-Drogen ein einfacher Helfer.

# Eine Liste der natürlichen Heilmittel mit Erläuterungen

In der folgenden Aufstellung können Sie sehen, welche natürlichen Heilmittel es für bestimmte Notfälle gibt. Sie ist nach der Indikation *(„Was liegt vor?")*, nach den Symptomen *(„Was erkenne ich?")* und nach den Maßnahmen *(„Womit behandeln?")* gegliedert. Bitte denken Sie daran, in allen Zweifelsfällen immer einen Arzt oder Ihren vertrauten Heilpraktiker zu befragen.

## ● Allergie und Anaphylaxie

✢ **Indikation:** Anaphylaktische Reaktion bei Allergien
☜ **Symptome:** Ohnmacht, Bewusstlosigkeit, Schock, siehe auch dort
🖐 **Maßnahmen:**
  - Rescue-Tropfen: Alle 2 bis 5 Minuten 4 Tropfen aus der Vorratsflasche
  - Rescue-Salbe auf die betreffende Stelle schmieren, dick auftragen
  - Weitere Mittel nach Rücksprache mit Ihrem Heilpraktiker oder Arzt

## Amputat-Verletzungen

+ **Indikation:** Amputation
- **Symptome:** Abgetrennte Gliedmaßen
- **Maßnahmen:**
  - Rescue-Tropfen: Alle 1 bis 5 Minuten 2 Tropfen direkt auf die Zunge geben
  - Arnica C 200: Bei Blutverlust und Schock 3 Kügelchen unter die Zunge geben

## Atemstörungen

+ **Indikation:** Asthma-Anfall, Allergie, Bronchitis, Brustkorb-Prellungen
- **Symptome:** Trockener oder bellender Husten, zähes Bronchialsekret, Bei Bronchitis Schmerzen auf den Bronchien und Fieber
- **Maßnahmen:**
  - Die psychische Betreuung ist am wichtigsten: Beruhigen Sie Ihr Kind, nehmen Sie es in den Arm. Reden Sie ruhig und tröstend mit ihm.
  - Rescue-Tropfen: Alle 1 bis 5 Minuten 2 Tropfen direkt auf die Zunge geben. Bei einer äußerlichen Anwendung empfiehlt sich die Rescue-Creme, zum Beispiel auf die Magengegend (Solar Plexus).
  - Einreibeöl: Bei spastischer Bronchitis:
    50 ml Mandelöl, 3 Tropfen Ätherisches Kamillenöl, 3 Tropfen Ätherisches Zedernholzöl, 2 Tropfen Ätherisches Lavendelöl, 2 Tropfen Honig (Propolis Honig)
    - Durch Schütteln die Öle gut miteinander vermischen. Bei Bedarf auf Brust und Rücken dünn auftragen und einmassieren.
  - Jodum C 30: Bei Asthma, das durch eine Pollenallergie bedingt ist. Es ist durch bellenden Husten und zähes Bronchialsekret gekennzeichnet. Im Liegen kommt es zu einer Verschlechterung. Ruhe und Wärme sind angesagt.

### Maßnahmen/Atemstörungen:

- <u>Lobelia inflata C 30:</u> Wenn es bei Kindern von Rauchern durch passives Rauchen zu einer Verschlechterung der Atmung kommt, ebenso bei trockenem Husten, großer Übelkeit und Erbrechen
- Die Rescue-Salbe kann man außen auf eine Brustkorb-Prellung schmieren
- <u>Hypericum C 30:</u> Bei Verletzungen der Wirbelkörper mit anschliessender zunehmender Atemnot

## Bauchschmerzen

**Indikation:** Blinddarm-Reizungen, Verdauungs-Beschwerden etc.

**Symptome:** Blähungen, sonstige unklare Bauchschmerzen. Bei Blinddarm-Reizungen typischer Schmerz im rechten Unterbauch, Loslass-Schmerz auf der linken Seite

### Maßnahmen:

- Entspannende Maßnahmen wie eine Wärmflasche oder warme Badewanne
- Rescue-Tropfen: Alle 1 bis 5 Minuten 2 Tropfen direkt auf die Zunge geben. Bei einer äußerlichen Anwendung empfiehlt sich die Rescue-Creme
- <u>Propolis:</u> Oral einnehmen und von außen als Wickel anlegen
- Entkrampfende Mittel wie:
  - <u>Gänsefingerkraut</u> als Tee: Einen Teelöffel mit ca. 250 ml kochendem Wasser aufgießen, 10 Minuten ziehen lassen und lauwarm schluckweise trinken
  - <u>Kamillentee:</u> Er wirkt entspannend, desinfizierend und entzündungshemmend, Zubereitung wie oben
  - <u>Tausendgüldenkraut:</u> Bei Bauchschmerzen durch Infekte, bei Appetitlosigkeit, als Kräftigungsmittel. Es stärkt das Immunsystem
  - <u>Vier-Winde-Tee:</u> Bei Verdauungsbeschwerden, übermäßigen Gärungsprozessen und aufgeblähtem Körper
    - Fenchel 20 g: gärungswidrig, krampflösend, entblähend

- Kümmel 20 g: verdauungsfördernd, desinfizierend, entblähend
- Anis 20 g: krampflösend, schmerzlindernd, entblähend
- Pfefferminze 20 g: galletreibend, desinfizierend, entblähend
- Schafgarbe 20 g: „Bauchwehkraut", verbessert die Bauch-Durchblutung

Mischen, ein Teelöffel mit 1/4 Liter kaltem Wasser abends ansetzen, am Morgen kurz aufkochen und abseihen. Über den Tag verteilt ca. 1/4 -1/2 Liter, je nach Alter, schluckweise trinken

## Bewusstlosigkeit

**Indikation:** Bewusstlosigkeit
**Symptome:** Zungengrund fällt zurück, keine Reaktion auf Ansprache, Schütteln oder Kneifen, Puls und Atmung vorhanden
**Maßnahmen:**
- Rescue-Tropfen: Alle 1 bis 5 Minuten 2 Tropfen direkt auf die Zunge geben. Bei einer äußerlichen Anwendung (zum Beispiel auf eine geschlossene, nicht blutende Wunde) empfiehlt sich die Rescue-Creme

## Durchfall oder Erbrechen

**Indikation:** Durchfall oder Erbrechen
**Symptome:** Übelkeit, Appetitlosigkeit, Erbrechen
**Maßnahmen:**
- Schwache Tees aus den folgenden Kräutern, als Einzeltee oder als Mischung: Kamillenblüten, Pfefferminze, Salbei, Schafgarbe. Sie können mit Honig gesüßt werden
- Elektrolyte sollten Sie durch Aufbaumittel aus Ihrer Apotheke ergänzen. Ihr Apotheker berät Sie
- Ein frisch geraspelter Apfel bringt häufig Linderung. Aber geben Sie bitte kleine Portionen
- Nux vomica C 30: Bei Drogen- und Medikamenten-Missbrauch

## ● Fieber

+ **Indikation:** Fieber, Fieberkrampf
⬠ **Symptome:** Temperaturen über 37,5° C, evtl. Kampf-Anfall
⬠ **Maßnahmen:**

- <u>Aconitum D6 ( C 30):</u> Bei plötzlich auftretendem Fieber nach Kälte-einwirkung, trockener heißer Haut, wenig bis keiner Schweißbildung, innerer Unruhe. Am Abend kommt es oft zu einem Fieberanstieg, die Haut kann blass werden
- <u>Belladonna D 6 (C 30):</u> Bei Fieber mit Benommenheit, trockener heißer Haut, bei Durst, jedoch einer Abneigung gegen Trinken
- <u>Bryonia D 6 (C 30):</u> Bei gereizter Grundstimmung, trockenen Schleim-häuten, Frösteln und starkem Schwitzen
- <u>Chamomilla D 6 (C 30):</u> Bei extremer Unruhe, viel Durst, Ungeduld und widersprüchlichen Wünschen

- **Wichtig:**
  Einnahme der Mittel in der D 6: 2 mal 3 Kügelchen <u>pro Stunde</u> bis zum Eintritt einer Besserung.
  Einnahme der Mittel in der C 30: 3 Kügelchen, eine Besserung sollte sehr schnell sichtbar werden. Maximal 2 Einnahmen im Abstand von 20 Mi-nuten.
- Beim Fieberkrampf ist es wichtig, den schnellen Fieberanstieg zu bremsen, sodass es nicht zu der Entgleisung „Fieberkrampf" kommt. Fiebersen-kende, stabilisierende Mittel finden Sie unter „Allgemeines zu Fieber".
- Auf Verdacht und in extremen Situationen kann man <u>Belladonna C 30</u> während des Fieberkrampfes probieren. Dieses Mittel hilft sehr häufig.
- Rescue-Tropfen: Alle 1 bis 5 Minuten 2 Tropfen direkt auf die Zunge geben. Bei einer äußerlichen Anwendung empfiehlt sich die <u>Rescue-Creme.</u>

## Insektenstiche

**Indikation:** Bisse oder Stiche durch Insekten
**Symptome:** Schwellung, Rötung, Schmerzen
**Maßnahmen:**

- <u>Apis C 30</u> bei Bienen- und Wespenstichen. Auch bei allergischem Schock durch einen Bienen- oder Wespenstich. Es kommt zur Schwellung an der betreffenden Stelle. Verschlimmerung durch Wärme, Verbesserung durch kalte Umschläge
- <u>Rescue-Tropfen:</u> Alle 1 bis 5 Minuten 2 Tropfen direkt auf die Zunge geben. Rescue-Creme wird direkt auf die Einstichstelle gegeben. Das lindert Schmerzen und Juckreiz sehr schnell

## Knochenbrüche und Kopfverletzungen

**Indikation:** Fraktur, Kopfverletzung
**Symptome:** Schmerz, Verstellung von Gliedmaßen
**Maßnahmen:**

- <u>Arnika C 30 oder C 200</u> (2 bis 3 Globuli): Als erstes Mittel zur Entkrampfung der Muskulatur, Hauptmittel bei Kopfverletzungen
- <u>Symphitum C 30</u> (2 bis 3 Globuli): Bei komplizierten Brüchen und starken Schmerzen. Zur Knochenheilung <u>Symphitum D 6</u>, 2 mal täglich, ca. 14 Tage
- <u>Ruta C 30</u> (2 bis 3 Globuli): Wenn der Knochen nur angebrochen ist und die Knochenhaut sehr schmerzhaft ist, bei Verletzungen der Hand
- <u>Hypericum C 30</u> (2 bis 3 Globuli): Bei schießenden Schmerzen den Nerv entlang (Neuralgien), bei Rückenverletzungen, Quetschwunden
- <u>Ledum C 30</u> (2 bis 3 Globuli) zur Resorption eines Blutergusses
- <u>Symphitum C 30</u> (2 bis 3 Globuli) bei Verletzungen der Augen

## Lungenödem

✦ **Indikation:** Lungenödem
☞ **Symptome:** Atemnot, rasselndes Atemgeräusche, blaue Lippen
🌱 **Maßnahmen:**
- <u>Rescue-Tropfen</u>: Alle 1 bis 5 Minuten 2 Tropfen direkt auf die Zunge geben

## Schockzustände

✦ **Indikation:** Schock
☞ **Symptome:** Flacher, schneller Puls, evtl. Bewusstlosigkeit
🌱 **Maßnahmen:**
- <u>Rescue-Tropfen</u>: Alle 1 bis 5 Minuten 2 Tropfen direkt auf die Zunge geben. Bei einer äußerlichen Anwendung empfiehlt sich die Rescue-Creme (nicht auf offene Wunden)
- <u>Arnika C 30</u>: Wichtigstes Schockmittel bei Verletzungen. Das Kind ist nervös, der ganze Körper ist überempfindlich
- <u>Aconit C 30</u>: Wenn der Schock durch Schreck dem Kind ins Gesicht geschrieben steht. Es hat schreckgeweitete Augen mit erweiterten Pupillen
- <u>Opium C 30</u>: Wenn die Furcht bleibt (auch nach Arnika und Aconit), und das Kind mit nervösen Zuckungen oder Schreikrämpfen reagiert

## Verbrennungen

✦ **Indikation:** Verbrennungen
☞ **Symptome:** Rötung, Blasenbildung, Verkohlung
🌱 **Maßnahmen:**
- Umschläge mit verdünnter <u>Brennessel-Tinktur</u> (1:10)
- Umschläge mit in <u>Wein- oder Obstessig</u> getränkten Kompressen (normaler, unverdünnter Salatessig)

- <u>Rescue-Tropfen:</u> Alle 1 bis 5 Minuten 2 Tropfen direkt auf die Zunge geben. In der Heilungsphase kann man auf geschlossene Wunden Rescue-Creme auftragen
- Bei Verbrennungen im Mund eine der oben genannten Tinkturen im Mund behalten
- <u>Causticum C 30 bis C 200</u> zur Schmerzlinderung
- <u>Aconit C 30</u> als 1. Schockmittel
- <u>Cantharis C 30:</u> Bei brennendem Schmerzen, bis Verbrennung 2. Grades, bei großen Brandblasen
- <u>Arsenicum album C 30:</u> Bei Verbrennungen 3. Grades, schwarzen Brandmalen, bei brennenden stärksten Schmerzen
- **Hinweis:** Weitere Hausmittel, wie Mehl, Öl, Zahnpasta etc. empfehle ich nicht, weil sie die Verletzung vereinzelt noch verschlimmern können

## Wunden

+ **Indikation:** Riss-, Schnitt- oder Quetschwunden. Stich- oder Pfählungs-Verletzungen
- **Symptome:** Blutung, Schmerzen, evtl. Entzündungen oder Fremdkörper in der Wunde
- **Maßnahmen:**
  - <u>Calendula-Tinktur</u> (Ringelblumen-Tinktur) ist das Hauptmittel bei allen Wunden, Schnittwunden, Nagelbett-Entzündungen, Abszessen, nicht infizierten Wunden. Verdünnt 1:10 oder 1:20 anwenden
  - Stark verschmutzte Wunden mit <u>Hypericum-Tinktur</u> (Johanniskraut) auswaschen. Immer von innen nach außen reinigen
  - <u>Arnika C 30</u> bei Muskelverletzungen, bei Wundschmerz oder Verletzungsschock
  - <u>Arnica C 200:</u> Gegen den möglichen Blutverlust zur Blutstillung
  - Bei Quetschungen 5 Kügelchen/Tropfen <u>Arnika C 30</u> in Wasser auflösen. Damit einen Verband tränken und auf die Verletzung legen

**Maßnahmen/Wunden:**

- Hypericum C 30 bei Nervenverletzungen, zum Beispiel nach Quetschwunden
- Chamomilla C 30 gegen starke Schmerzen
- Spitzwegerich: Bei Schürfwunden oder anderen kleinen Wunden, wenn kein anderes Mittel verfügbar ist. Spitzwegerich-Blätter zerdrückt auf die Wunde auflegen. Spitzwegerich wächst fast überall
- Ledum C 30: Bei tiefen Stichverletzungen, zum Beispiel von Dornen oder Nägeln. Denken Sie daran: Es besteht Tetanusgefahr
- Bisswunden mit Tollwutgefahr immer von einem Arzt abklären lassen. Die Wunde mit Seifenlösung reinigen, Ledum C 30 als Prophylaxe verabreichen
- Rescue-Tropfen: Alle 1 bis 5 Minuten 2 Tropfen direkt auf die Zunge geben. Bei einer äußerlichen Anwendung empfiehlt sich die Rescue-Creme
- Ledum C 200: Hauptmittel bei Stichverletzungen

# Kurse zum Thema „Kinder-Notfälle"

Als Ergänzung zu diesem Buch bietet der Autor Moritz Thanner Kurse zum Thema Kinder-Notfälle an. In einem vierstündigen Kursus wird den Teilnehmern das Basiswissen zum Verhalten bei Kinder-Notfällen vermittelt. Außerdem werden anhand von konkreten Beispielen die wichtigsten Besonderheiten behandelt.

Die Kursteilnehmer können ihre Erfahrungen austauschen und bekommen ihre individuellen Fragen beantwortet.

- Anfragen:     Moritz Thanner
                Münchner Str. 3
                83607 Holzkirchen
                Tel. 08024 - 81 51
                Fax 08024 - 58 05
                e-mail: pnw@praxis-neue-wege.de
                www.praxis-neue-wege.de

- Kurstermine:  Laufend; auf Anfrage „überall" möglich.
- Kurskosten:   Auf Anfrage

# Literatur-Hinweise

- Ahnefeld F W Dick, Kilian J, Schuster H P: *Notfallmedizin*
  Springer-Lehrbuch 1990
- Bach E: *Blumen die durch die Seele heilen*
  Hugendubel Verlag 1992
- Sitzmann F C: *Pädiatrie*
  Hippokrates Verlag 1995
- Gorgaß B, Ahnefeld F W, Rossi R:
  *Rettungsassistent & Rettungssanitäter*
  Springer Verlag 1999
- Günther M: *Sanfte Notfallmedizin für Heilberufe*
  Sonntag Verlag 1997
- v. Hintzenstein U: *NotÄrztin/ Arztleitfaden*
  Gustav Fischer Verlag 1997
- Hofmann D, Hofmann U: *Erste Hilfe bei Kindern*
  GU Verlag 2000
- Krieger S: *Pathologie*
  Sonntag Verlag 1999
- Müller, S: *Memorix*
  Hippokrates Verlag 1999
- Niessen K H: *Pädiatrie*
  Thieme Verlag 1999
- Scholz C: *Erste Hilfe bei Kindern*
  Hofmann Verlag 1995
- Stellmann M: *Kinderkrankheiten natürlich behandeln*
  GU Verlag 1999
- von Harnack: *Kinderheilkunde*
  Springer Lehrbuch 2000

# Extra-Handlungs-Pläne
# für unterwegs

*Nachdem Sie dieses Buch gelesen haben, sind Sie für die wichtigsten Kinder-Notfälle gerüstet. Sie wissen, was im Notfall zu tun ist – und Sie wissen, wie Sie kühlen Kopf bewahren, ohne in Panik zu geraten.*

*Natürlich haben Sie die Handlungs-Pläne, Tipps und Ratschläge nicht alle im Kopf. Sie müssen nachschauen. Aber jetzt wissen Sie, wo Sie mit einem Griff schnell die wichtigsten Anleitungen finden.*

*Notfälle passieren aber nicht nur zu Hause. Deshalb finden Sie auf den nächsten Seiten die Handlungs-Pläne aus Kapitel 2 im handlichen Taschenformat für unterwegs. Schneiden Sie die Pläne aus, und sorgen Sie dafür, dass Sie sie immer bei sich haben – im Auto, in der Handtasche oder in der Brieftasche.*

*Ich wünsche Ihnen, dass Sie diese Pläne nie brauchen werden.*
*Aber wenn Sie sie immer griffbereit haben, sind Sie auf der sicheren Seite.*

*Mit den besten Wünschen,*
*Ihr Moritz Thanner*

| | |
|---|---|
| Atem-störungen 1 | |
| Atem-störungen 2 | |
| Bauch-schmerzen | |
| Bewusst-losigkeit | |
| Krampf-anfälle | |
| Reanimation (Wieder-belebung) | |
| Stürze, Brüche | |
| Unfälle allgemein | |
| Verbren-nungen | |
| Vergiftungen | |
| Wunden (starke Blutung) | |

# Diagnose

## Atem-störungen 1

# Notfall

**1) Fremdkörper verschluckt:**
Legobausteine, Kirschen, große Speisebrocken etc.

# Sofort-Maßnahmen

**Maßnahmen:**
- Zwischen die Schulterblätter auf den Rücken klopfen (5 mal)
  - **Bei Erfolg:** Abklären, ob eine Verletzung vorliegt.

- **Kein Erfolg:**

  **Bis zu 4 Jahren:**
  Kind auf einer harten Unterlage auf den Rücken legen, mit 2 bis 4 Fingern schnelle feste Druckstöße auf die Brustbeinmitte ausüben (5 mal).

  **Ab 4 Jahren:**
  Mit einer oder beiden Händen in die Magengrube mit Richtung nach innen und oben ruckartig drücken, um den Fremdkörper herauszukatapultieren (5 mal).

- **Kein Erfolg:**

  ☎ **Notruf**

- **Bei Erfolg:** Abklären lassen, ob eine Verletzung vorliegt.

! Nach diesem Manöver Ihr Kind immer in einer Klinik untersuchen lassen!

**Extra-Handlungs-Plan für unterwegs**

Aus dem Buch
*„Im Notfall: Schnelle Hilfe für Ihr Kind"*
von Moritz Thanner
© Oberstebrink Verlag, Ratingen

## Sofort-Maßnahmen

**Maßnahmen:**
- Kühlen (mit Eis oder kaltem Wasser innen u. außen), beruhigen, Gabe von APIS C 30.
- Einstich ist tief im Mund: sofortiger ☎ Notruf
- Einstich in der vorderen Mundhöhle: ggf. ☎ Notruf bei Atembeschwerden.

**Maßnahmen:**
- Kind in feuchte, kühle Luft bringen (Badezimmer, Fenster öffnen, heißes Wasser aufdrehen).
- Ablenkung beruhigt das Kind meist sehr schnell (spazierengehen etc.)
- ggf. ☎ Notruf (häufig nicht nötig)

**Maßnahmen:**
- Möglichst nicht bewegen, beengende Kleidung öffnen, mit dem Kind reden.
- Bei Unsicherheit und Verschlechterung: ☎ Notruf

- Beobachten, trösten
- ggf. mit einem Arzt oder in der Klinik abklären lassen.

- Beobachten, trösten
- Bei Unsicherheit mit Arzt abklären.

## Notfall

**2) Bienen- oder Wespenstich in den Mund:** ↑
Schwellung im Mundraum

**3) Schwellung durch Infektionen:** ↑
(z. B. Pseudokrupp), häufig mit Husten.

**4) Atemnot durch Stürze:** ↑
Abklären, ob eine Kopfverletzung, Brustkorb-Verletzung oder Rückenverletzung vorliegt:

**Keine sichtbaren Verletzungen:** ↑
- Unklarer Unfallhergang, Besserung der Atmung, keine Anzeichen einer Verletzung, Kind steht selbst auf:
- Bei klarem Unfallhergang und sofortiger ↑ Besserung:

## Diagnose

## Atem-störungen 2

**Extra-Handlungs-Plan für unterwegs**

Aus dem Buch
*„Im  Notfall: Schnelle Hilfe für Ihr Kind"*
von Moritz Thanner
© Oberstebrink Verlag, Ratingen

# Diagnose

## Bauchschmerzen

# Notfall

**Blinddarm-Entzündung, rechter Unterbauch:**
Loslass-Schmerz beim Eindrücken auf der linken Seite. Druck schmerzhaft im rechten Unterbauch.

- Zunahme der Schmerzen meist sehr schnell:

- Das Allgemeinbefinden des Kindes verschlechtert sich immer mehr:

**Starke Bauchschmerzen:**

- Langsame Zunahme der Schmerzen:

- Schnelle Zunahme der Schmerzen:
  - Schnelle Verschlechterung der Symptome, sehr bedrohlich, das Allgemeinbefinden wird häufig schlechter.

# Sofort-Maßnahmen

**Maßnahmen:**

- Schnell zum Arzt.

- Eine Krankenhaus-Einweisung wird unumgänglich. bei sehr schlechtem Allgemeinbefinden mit dem **Rettungsdienst** ins Krankenhaus fahren.

  ☎ Notruf

**Maßnahmen:**

- Je nach Allgemeinbefinden zum Arzt.
- Manchmal reicht auch eine telefonische Abklärung aus.

- Sofortige Abklärung mit einem Arzt.
- Bei extrem starken Schmerzen und/oder bei Ohnmacht/ Bewusstlosigkeit sofort den **Rettungsdienst** verständigen:

  ☎ Notruf

**Extra-Handlungs-Plan für unterwegs**

Aus dem Buch
*„Im Notfall: Schnelle Hilfe für Ihr Kind"*
von Moritz Thanner
© Oberstebrink Verlag, Ratingen

# Diagnose

## Bewusst-losigkeit

# Notfall

**1) Das Kind liegt regungslos auf dem Boden:** ↑

**2) Wenn Bewusstsein nicht vorhanden:** ↑

**3) Wenn Atmung vorhanden:** ↑

**4) Atmung und Puls vorhanden** ↑
- Wenn der Patient atmet, einen spürbaren Puls hat, aber nicht aufzuwecken ist, ist er bewusstlos

**5) Keine Atmung und Puls**
- Wenn der Patient nicht atmet, keinen spürbaren Puls hat und nicht aufzuwecken ist, siehe ▶ Reanimation, S.32.

# Sofort-Maßnahmen

- **Bewusstsein überprüfen:**
  - Ansprechen, starkes Rütteln, Kneifen

- **Atmung überprüfen:**
  - Mundraum säubern, Kopf überstrecken
  - Hören, sehen, fühlen und spüren

- **Kreislauf überprüfen:**
  - Bei Kindern bis zu 6 Monaten wird der Puls am Kopf hinter dem Scheitel getastet.
  - Bei Kindern ab 6 Monaten bis ca. 12 Jahren wird der Puls an der Oberarm-Innenseite getastet. Danach an der Halsschlagader.

- bis zu 4 Jahren:
  **Bauchlage, Kopf zur Seite**

- ab 4 Jahren:
  **Stabile Seitenlage**

Stabile Seitenlage ②

① ② ③ ④

↓

↓     ↓

☎ **Notruf**

- Bis zum Eintreffen des **Rettungsdienstes:**
  - Atmung/Puls überprüfen, ca. alle 60 sec. kneifen.

**Extra-Handlungs-Plan für unterwegs**

Aus dem Buch
*„Im  Notfall: Schnelle Hilfe für Ihr Kind"*
von Moritz Thanner
© Oberstebrink Verlag, Ratingen

Atem-
störungen
1

Atem-
störungen
2

Bauch-
schmerzen

Bewusst-
losigkeit

Krampf-
anfälle

Reanimation
(Wieder-
belebung)

Stürze,
Brüche

Unfälle
allgemein

Verbren-
nungen

Vergiftungen

Wunden
(starke
Blutung)

# Diagnose

# Notfall

# Sofort-Maßnahmen

## Krampf-anfälle

### 1) Epileptischer Anfall:

Es kommt zu Muskelkontraktionen vieler Muskelgruppen. Arme, Beine, Rumpf, Kopf und Hals sind verkrampft.

- Der Patient ist nicht mehr ansprechbar oder bewusstlos
- Er atmet normalerweise, aber etwas zu wenig

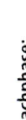

**Maßnahmen:**

- Patient vor Verletzungen schützen, vor allem auf den Kopf achten!
- Während des Krampfes nicht mit „Gewalt" festhalten.

**Aufwachphase:**

- Ggf. das Kind in die Bauchlage oder Seitenlage bringen, damit Speichel etc. abfließen kann.
- Kind ansprechen, mit dem Kind reden
- Bei Unklarheit bzw. Unsicherheit den **Rettungsdienst** verständigen:

➔  Notruf

### 2) Fieberkrampf:

Kennzeichen:

- Meistens sehr schneller Fieberanstieg.
- Krämpfe am ganzen Körper bei sehr hohem Fieber (39⁰ C und höher).
- Alter zwischen dem 1. und 4. Lebensjahr.
- Atmung wird schlechter.

**Maßnahmen:**

- Kind vor Verletzungen schützen, vor allem auf den Kopf achten!
- Fiebersenkende Mittel, als Zäpfchen, verabreichen.
- Während des Krampfes nicht mit „Gewalt" festhalten.
- In jedem Fall den **Rettungsdienst** verständigen:

➔  Notruf

**Extra-Handlungs-Plan für unterwegs**

Aus dem Buch
*„Im Notfall: Schnelle Hilfe für Ihr Kind"*
von Moritz Thanner
© Oberstebrink Verlag, Ratingen

# Diagnose

## Reanimation (Wiederbelebung)

# Notfall

**Bewusstlosigkeit, Atemstillstand, Pulslosigkeit**

**Atemstillstand**

**Pulslosigkeit**
(Bei Säuglingen auch unter einer Pulsfrequenz von 60 pro Minute).

# Sofort-Maßnahmen

☎ Notruf (wenn allein, Notruf nach 1 Minute Reanimation).

**1) Kind auf eine harte Unterlage legen, Oberkörper frei machen.**

**2) Beatmen**
● Atemwege sichern, Kopf überstrecken und zuerst 3 mal beatmen.
● Langsam Luft hinein blasen, bis sich der Brustkorb leicht hebt.

**3) Herz- Druck Massage**
● Richtigen Druckpunkt aufsuchen:

Druckpunkte beim Baby und beim Kind:

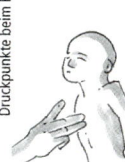

Baby: Ein Finger unterhalb der Brustwarzenlinie mit 2 Fingern

Kind: Zwei Querfinger oberhalb des Brustbein-Endes mit einer Hand

● Senkrecht, ca. 1/3 der Brustkorb Höhe eindrücken.

**4) Ablauf und Rhythmus:**
● Bis zum Schulalter immer 1:5 oder 3:15 (beatmen:drücken)
● Ab dem Schulalter immer 2:15 (beatmen:drücken)

**5) Beachten:**
● Nach jeweils 5 Minuten ist der Puls zu überprüfen.
● Ist ein spürbarer Puls vorhanden, Atmung überprüfen und ggf. weiterbeatmen.
● Eine begonnene Reanimation wird ausschließlich von einem Arzt beendet (es sei denn, der Patient atmet und hat einen spürbaren Puls).

**Extra-Handlungs-Plan für unterwegs**

Aus dem Buch
*„Im  Notfall: Schnelle Hilfe für Ihr Kind"*
von Moritz Thanner
© Oberstebrink Verlag, Ratingen

Atemstörungen 1
Atemstörungen 2
Bauchschmerzen
Bewusstlosigkeit
Krampfanfälle
Reanimation (Wiederbelebung)
Stürze, Brüche
Unfälle allgemein
Verbrennungen
Vergiftungen
Wunden (starke Blutung)

# Diagnose

## Stürze, Brüche

# Notfall

**Knochenbrüche:**
- Sichere Zeichen: Verformung und Stufenbildung am verletzten Körperteil.
- Unsichere Zeichen: Schmerzen, Schwellung und eingeschränkte Beweglichkeit

**Kopfverletzung:**
Bei folgenden Kopfverletzungen sollte das Kind auf jeden Fall im Krankenhaus von einem erfahrenen Arzt untersucht werden:

- Bewusstseinsstörungen bis hin zur Bewusstlosigkeit nach einem Unfall
- Starke Kopfschmerzen, gleichbleibend oder sogar schlimmer werdend
- Schwallartiges Erbrechen
- Blutungen aus dem Ohr
- Blutungen im Gesichtsbereich: Lagerung mit dem Gesicht nach unten, damit nach Möglichkeit kein Blut geschluckt wird.
- Kopfplatzwunde: Verband oder sogar Druckverband.

# Sofort-Maßnahmen

**Maßnahmen:**
- Brüche immer ruhig stellen, nicht bewegen.
- Offene Brüche steril abdecken.
- Brüche kleiner Knochen mit Dreiecks-Tüchern ruhig stellen.
- Immer den Rettungsdienst verständigen, wenn der Verdacht auf folgende Brüche besteht: Oberarm, Schulter, Brustkorb, Kopf, Wirbelsäule, Becken und Oberschenkel.
- Wenn andere Knochen betroffen sind, kann man das Kind ggf. selbst in die Klinik fahren. Bei Unsicherheit: **Rettungsdienst** verständigen:

☎ Notruf

**Maßnahmen:**
- Wenn möglich, den Oberkörper hoch lagern, um den Kopf zu entlasten. Ist das Kind schwerer verletzt (z. B. Wirbelsäulenverletzung), flach lagern.
- Immer wieder das Bewusstsein mit gezielten Fragen überprüfen (Namen, Alter, Wochentag).

**!** Im Zweifelsfall immer einen Arzt fragen oder ggf. den **Rettungsdienst** kontaktieren:

☎ Notruf

**Extra-Handlungs-Plan für unterwegs**

Aus dem Buch
*„Im Notfall: Schnelle Hilfe für Ihr Kind"*
von Moritz Thanner
© Oberstebrink Verlag, Ratingen

Atem-störungen 1

Atem-störungen 2

Bauch-schmerzen

Bewusst-losigkeit

Krampf-anfälle

Reanimation (Wieder-belebung)

Stürze, Brüche

Unfälle allgemein

Verbren-nungen

Vergiftungen

Wunden (starke Blutung)

# Diagnose

## Unfälle allgemein

# Notfall

# Sofort-Maßnahmen

**Allgemeine Erste Hilfe :** →

**Maßnahmen:**

1) Eigenschutz beachten, Unfallstelle absichern

2) Patienten aus einem evtl. Gefahrenbereich bringen

3) Bewusstsein überprüfen, bei Bewusstlosigkeit stabile Seitenlage/Bauchlage ( ▶ siehe Bewusstlosigkeit, S.28)

4) Starke Blutungen stillen

5) **Rettungsdienst** verständigen: ☏ **Notruf**

6) Bis zum Eintreffen des **Rettungsdienstes** weiter Atmung und Puls überprüfen

**Bei Unfällen sollte man nach folgendem Schema vorgehen:**

1) Kind steht spontan auf und läuft herum. →

- Kind gut beobachten, ob es sich in der Bewegung oder im Verhalten verändert.
- Ggf. einen Arzt zu Rate ziehen.

2) Kind bleibt am Boden liegen. (Kind wird z.B. im Straßenverkehr angefahren/hat einen Fahrradunfall) →

- Das Kind ist ansprechbar →

- Gefahrenbereich absichern
- Kind liegen lassen, kurz nach Verletzungen fragen, dann den **Rettungsdienst** verständigen: ☏ **Notruf**

- Das Kind ist nicht ansprechbar/erweckbar (kneifen) →

- Atmung und Puls überprüfen. Sind diese vorhanden:
Stabile Seitenlage/Bauchlage ( ▶ siehe Bewusstlosigkeit, S.28)
dann den **Rettungsdienst** verständigen: ☏ **Notruf**

- Atmung und Puls sind nicht vorhanden: ☏ **Notruf**
    - ▶ siehe Reanimation, S.32

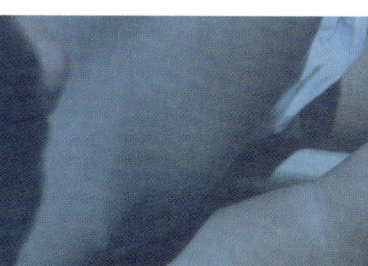

**Extra-Handlungs-Plan für unterwegs**

Aus dem Buch
*„Im Notfall: Schnelle Hilfe für Ihr Kind"*
von Moritz Thanner
© Oberstebrink Verlag, Ratingen

# Diagnose

## Verbren-nungen

**Notfall**

**Einteilung in 3 Grade:**

- Erstgradig: Rötung, Schwellung und Schmerzen (z. B. Sonnenbrand) ➜

- Zweitgradig: Rötung, Blasenbildung und Schmerzen ➜
- Drittgradig: Zerstörung des Gewebes, Verkohlung

## Sofort-Maßnahmen

**Maßnahmen:**

- Brandsalbe auftragen und Umschläge mit Essig auflegen (keine unverdünnte Essigessenz)

- Ggf. Brand löschen, Kind aus dem Gefahrenbereich bringen
- Wenn möglich, nicht verklebte Kleidung entfernen
- Kühlung mit kaltem Wasser ca. 5-10 Minuten (Vorsicht: Unterkühlung)
- Steriles Abdecken mit speziellen Verbandstüchern
- Wärmeerhalt, zudecken

  ➜ ☏ Notruf

! Alle Verbrennungen über 1 % der Körperoberfläche (eine Handfläche des Patienten) sollten in einem Krankenhaus behandelt werden.

! Schockgefahr besteht bei einer Verbrennung ab:
  - 5-10 % der Körperoberfläche bei Kleinkindern
  - 15 % der Körperoberfläche beim Erwachsenen

**Extra-Handlungs-Plan für unterwegs**

Aus dem Buch
*„Im Notfall: Schnelle Hilfe für Ihr Kind"*
von Moritz Thanner
© Oberstebrink Verlag, Ratingen

Atemstörungen 1

Atemstörungen 2

Bauchschmerzen

Bewusstlosigkeit

Krampfanfälle

Reanimation (Wiederbelebung)

Stürze, Brüche

Unfälle allgemein

Verbrennungen

Vergiftungen

Wunden (starke Blutung)

# Diagnose

## Notfall

## Sofort-Maßnahmen

# Vergiftungen

**Vergiftungen:**
Ihr Kind hat eine schädliche Substanz zu sich genommen:

1) Zum Zeitpunkt des Auffindens ist Ihr Kind in der Persönlichkeit etwas verändert. Es stammelt oder ist unruhig oder zeigt andere nicht typische Zeichen einer Veränderung:

⬆

- In diesem Fall dem Kind sofort SAB SIMPLEX oder LEFAX (ein Teelöffel, ca. 5 ml) geben
- Dann über den Giftnotruf abklären lassen, ob eine Krankenhaus-Einweisung notwendig ist.

☎ Notruf

➤ Wenn das Kind nicht mehr ansprechbar ist,
▶ siehe Bewusstlosigkeit auf S. 28!
➤ Wenn das Kind ansprechbar aber verwirrt ist, beruhigend auf das Kind einwirken.

2) Ihr Kind hat eine schädliche Substanz zu sich genommen und benimmt sich wie „immer":

⬆

- Wichtig: Keine Hektik, keine Panik.
- Ruhe bewahren und die Giftstoffe sicherstellen.
- Beim Giftnotruf die Gefährlichkeit der Vergiftung abklären!
  - Gegebenenfalls wird der Arzt Ihnen am Telefon raten, in die nächste Klinik zu fahren oder den **Rettungsdienst** zu verständigen: ☎ Notruf

3) Ihr Kind hat eine schaumbildende Substanz zu sich genommen, z. B. Spülmittel:

⬆

- In diesem Fall dem Kind sofort SAB SIMPLEX oder LEFAX (ein Teelöffel, ca. 5 ml) geben
- Dann über den Giftnotruf abklären lassen, ob eine Krankenhaus-Einweisung notwendig ist.

**!** Bei Vergiftungen immer den Eigenschutz beachten! Erbrochenes, Medikamentenpackungen und ähnliches sicher stellen und dem behandelnden Arzt übergeben.

**Extra-Handlungs-Plan für unterwegs**

Aus dem Buch
*„Im Notfall: Schnelle Hilfe für Ihr Kind"*
von Moritz Thanner
© Oberstebrink Verlag, Ratingen

Atem-störungen 1
Atem-störungen 2
Bauch-schmerzen
Bewusst-losigkeit
Krampf-anfälle
Reanimation (Wieder-belebung)
Stürze, Brüche
Unfälle allgemein
Verbren-nungen
Vergiftungen
Wunden (starke Blutung)

# Diagnose

# Notfall

# Sofort-Maßnahmen

## Wunden (starke Blutung)

### Stark blutende Wunden:

- Starke Blutung, spritzend:

**Maßnahmen:**

- Meist sind Arme und Beine betroffen. Die betreffende Extremität hoch halten und mit den Fingern oder der Hand auf die Wunde drücken (Handschuhe).

So bald wie möglich einen Druckverband anlegen.

- In eine Klinik fahren, um die Wunde anschauen und nähen zu lassen. Bei sehr starken Blutungen, die kaum zu stoppen sind, und bei Unsicherheit:

☎ Notruf

- Fremdkörper in der Wunde:

**Maßnahmen:**

- Fremdkörper in der Wunde belassen, umpolstern und von einem Arzt in einer **Klinik** entfernen lassen.
- Je nach Schwere den ☎ Notruf anrufen.

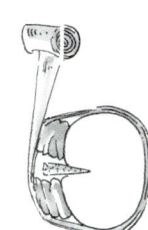

Solange ein Fremdkörper in einer Wunde steckt, kann man davon ausge-hen, dass die Wunde kaum blutet.

**Extra-Handlungs-Plan für unterwegs**

Aus dem Buch
*„Im Notfall: Schnelle Hilfe für Ihr Kind"*
von Moritz Thanner
© Oberstebrink Verlag, Ratingen

# Stichwort-Verzeichnis

# Die Oberstebrink Eltern-Bibliothek

## Die richtigen Eltern-Ratgeber für die wichtigen Jahre

*Entscheidungs-Hilfen für den wichtigsten Entschluss im Leben einer Frau*

Hardcover, 125 S.,
4-fbg. Fotos
ISBN 3-934333-03-6

*Das aktuelle Standardwerk für alle werdenden Eltern – und alle, die es werden wollen*

Hardcover, 286 S.,
4-fbg. Fotos,
Abb. und Illustrationen
ISBN 3-9804493-5-1

*Der Wegweiser für die ersten 12 Monate im Leben von Mutter und Kind*

Hardcover, 250 S.,
4-fbg. Fotos
ISBN 3-934333-02-8

*Spielregeln und Tipps für gutes Familien-Management*

Hardcover, 252 S.,
4-fbg. Fotos
ISBN 3-9804493-8-6

**Die Magazin-Buch-Reihe**

*Das Standardwerk
für alle Eltern,
die für sich und
ihre Kinder ruhige
Nächte haben wollen*

A. Kast-Zahn · H. Morgenroth

**Jedes Kind
kann schlafen lernen**

Vom Baby bis zum Schulkind:
Wie Sie Schlafprobleme Ihres Kindes
vermeiden und lösen können

Hardcover, 157 S.,
4-fbg. Fotos und Abb.
ISBN 3-9804493-0-0

Gabriele Haug-Schnabel

**Wie Kinder trocken
werden können**

Was Sie als Eltern wissen müssen,
damit das Sauberwerden klappt

*Der Leitfaden
für alle Eltern,
deren Kinder
auf natürliche
Weise trocken
werden sollen*

Hardcover, 153 S.,
4-fbg. Fotos
ISBN 3-9804493-4-3

A. Kast-Zahn · H. Morgenroth

**Jedes Kind
kann richtig essen**

Vom Baby bis zum Schulkind:
Wie Eltern dafür sorgen können,
dass der Esstisch nicht zum Stresstisch wird

*Ideen, wie Eltern
ihren Kindern
normales
Essverhalten
schmackhaft
machen können*

Hardcover, 156 S.,
4-fbg. Fotos und Abb.
ISBN 3-9804493-9-4

Annette Kast-Zahn

**Jedes Kind
kann Regeln lernen**

Vom Baby bis zum Schulkind:
Wie Eltern Grenzen setzen
und Verhaltensregeln vermitteln können

*Das Regelwerk
für alle Eltern,
die ihren Kindern
klare Spielregeln
für ein harmonisches
Familienleben
vermitteln wollen*

Hardcover, 157 S.,
4-fbg. Fotos und Abb.
ISBN 3-9804493-1-9

Petra Küspert

**Wie Kinder leicht lesen
und schreiben lernen**

Neue Strategien gegen Legasthenie

*Kinder mit Lese-
und Rechtschreib-
Schwäche:
Erkennen, Vorbeugen,
Behandeln*

Hardcover, 189 S.,
Fotos, Abb., Illustrationen
ISBN 3-934333-04-4

E. Aust-Claus · P.-M. Hammer

**Auch das Lernen
kann man lernen**

Vom Kindergarten in die Schule:
Was Sie als Eltern dafür tun können,
daß Ihr Kind gut und gern lernt

*Die Pflichtlektüre
für alle Eltern,
die ihren Kindern
helfen wollen,
den Schulalltag
zu meistern*

Hardcover, 157 S., 4-fbg.
Fotos, Abb., Illustrationen
ISBN 3-9804493-2-7

E. Aust-Claus · P.-M. Hammer

**Das A·D·S-Buch**
Aufmerksamkeits-Defizit-Syndrom

Neue Konzentrations-Hilfen
für Zappelphilippe und Träumer

*Die neuesten Erkennt-
nisse zur Erkennung
und Behandlung von
Kindern mit Aufmerk-
samkeits- und
Konzentrations-
Störungen*

Hardcover, 317 S., 4-fbg.
Abb. und Illustrationen
ISBN 3-9804493-6-X

Moritz Thanner

**Im Notfall:
Schnelle Hilfe
für Ihr Kind**

Sofort-Maßnahmen für Eltern:
Schnell reagieren und richtig handeln

*Notfälle bei Kindern:
Wie Eltern schnell
reagieren und richtig
handeln können*

Hardcover, 190 S.,
Fotos, Abb., Illustrationen
ISBN 3-934333-05-2